YouTube
Richtig nutzen von Anfang an!

Verlag:
BILDNER Verlag GmbH
Bahnhofstraße 8
94032 Passau

http://www.bildner-verlag.de
info@bildner-verlag.de

Tel.: +49 851-6700
Fax: +49 851-6624

ISBN: 978-3-8328-0226-4

Covergestaltung: Christian Dadlhuber
Autor: Karl Heinz Friedrich
Herausgeber: Christian Bildner

Bildnachweis: Cover © contrastwerkstatt - Fotolia.com
Kapitelbild: © vege - Fotolia.com

© 2016 BILDNER Verlag GmbH Passau

Vorwort

Die Videoplattform YouTube wird mittlerweile weltweit von mehr als einer Milliarde Nutzern als Informations- oder Unterhaltungsplattform genutzt. Damit ist YouTube zu einer sehr wichtigen Anlaufstelle im Internet geworden. Umso wichtiger ist es, sich auf dieser Internetplattform von Anfang an richtig und sicher zu bewegen.

Für wen ist dieses Buch geeignet?

Das vorliegende Buch ist eine kompakte Einführung in die aus unserer Sicht wichtigsten Möglichkeiten und Funktionen von YouTube.

Es richtet sich vorrangig an Einsteiger und Anfänger, die sich von Grund auf mit YouTube beschäftigen und hierbei auch interessante Tipps und Tricks kennenlernen wollen.

Da diese Einführung in erster Linie für interessierte Privatanwender verfasst wurde, werden spezielle kommerzielle Business-Themen, wie zum Beispiel Monetarisierung von Videos, mit Videos Werbung auf YouTube schalten, Statistiken und Analysen etc. bewusst nicht behandelt.

Schritt für Schritt wird in diesem Buch gezeigt, wie man sich auf der Videoplattform bewegt, welche grundlegenden Einstellungen und Funktionen YouTube bietet, wie man gezielt und zeitsparend nach Videos und Kanälen sucht und diese abonnieren, kommentieren und bewerten kann.

Selbstverständlich wird auch vorgestellt, wie man Videos mit anderen Internetnutzern teilt und wie man selbst eigene Videos veröffentlichen kann.

Kurzum: Ein kompakter Überblick über die Möglichkeiten in YouTube!

Über dieses Buch

Alle Befehle und Bezeichnungen von Schaltflächen, Menüs etc. sind zur deutlicheren Unterscheidung farbig und kursiv hervorgehoben, zum Beispiel *Kontoeinstellungen* oder Schaltfläche *Mein Konto*.

Im Text finden Sie Nummerierungen der folgenden Art ❶. Diese beziehen sich grundsätzlich auf die darunter aufgeführten Bilder und Screenshots und dienen zur Verdeutlichung und Erklärung.

Wichtige Hinweise und besondere Tipps werden im Text deutlich farblich gekennzeichnet und teilweise eingerahmt, so dass sie Ihnen sofort auffallen.

Für dieses Buch wurde zur schrittweisen Illustration parallel ein Beispiel-Account auf Google.de bzw. YouTube angelegt. Als Internetbrowser wurde Google Chrome verwendet. Wenn Sie YouTube auf einem mobilen Gerät (Smartphone oder Tablet) benutzen, kann die Ansicht etwas abweichen.

Verlag und Autor wünschen Ihnen viel Spaß beim Lernen, Ausprobieren und Experimentieren.

Inhalt

Inhalt

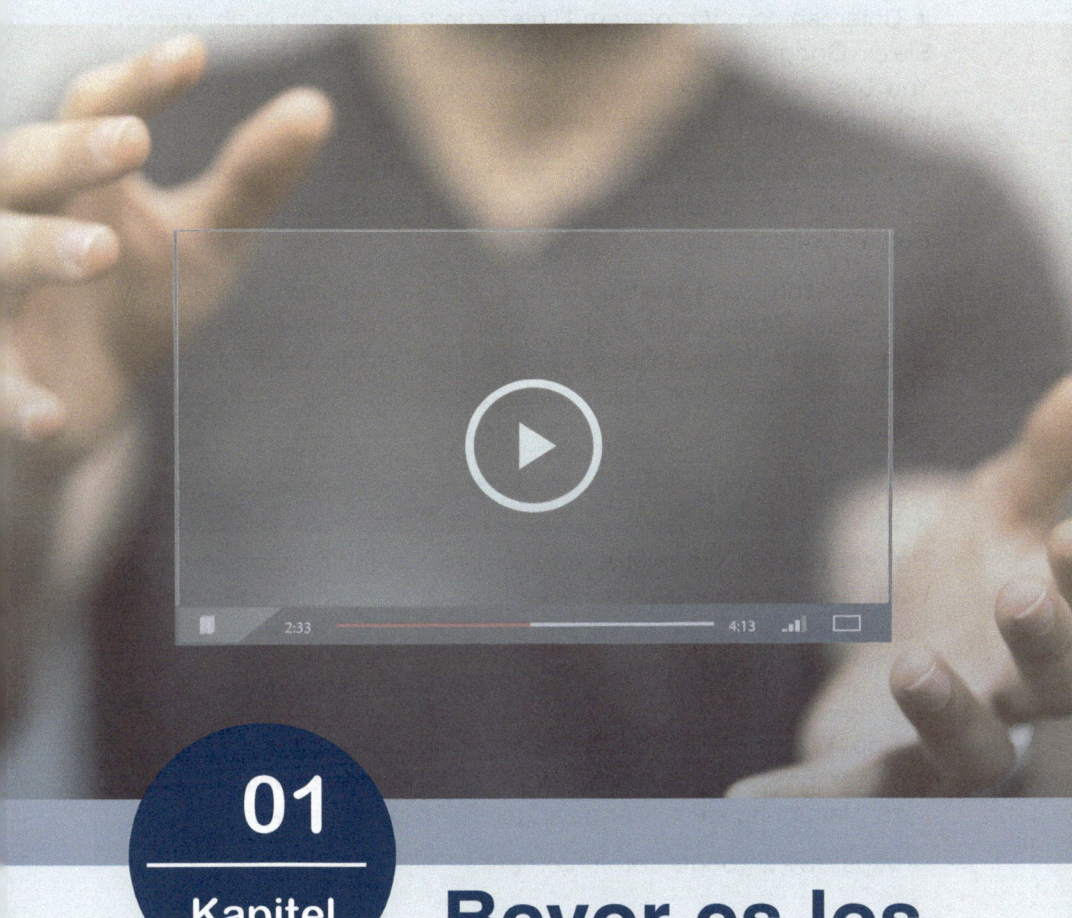

01
___
Kapitel

Bevor es los geht!

Wie Sie bereits wissen, ist die Video-Plattform YouTube ein Google-Unternehmen. Vor diesem Hintergrund erklärt sich auch, warum Sie ein Google-Konto einrichten sollten, wenn Sie den Google-Dienst YouTube in seiner Gesamtheit und in der Vielfalt seiner Funktionen kennenlernen und nutzen wollen.

Im Folgenden zeigen wir Ihnen, wie Sie Schritt-für-Schritt ein zentrales Google-Konto anlegen und welche Einstellungen Sie gleich zu Beginn festlegen sollten.

Wohlwissend, dass bestimmte Begriffe und Funktionen, wie z. B. *Abos* oder *Kanäle*, erst in den folgenden Kapiteln erklärt werden, sind wir der Auffassung, dass es sinnvoll ist, auf die wichtigsten YouTube-Voreinstellungen gleich zu Beginn des Buches hinzuweisen.

1.1 Google-Konto erstellen

Um ein Google-Konto anzulegen, rufen Sie im Webbrowser Ihrer Wahl die Seite *www.google.de* auf und klicken rechts oben auf die Schaltfläche *Anmelden*. Wählen Sie dann *Konto erstellen* ❶. Das Anmeldeformular wird angezeigt.

> Tipp: Wir empfehlen die Verwendung von *Google Chrome*, da dieser Browser speziell für YouTube nützliche Erweiterungen zur Verfügung stellt. Hier gelangen Sie zum Download:
>
> https://www.google.com/chrome/

Anmeldeformular ausfüllen
Bei der Registrierung als neuer Google-Nutzer werden im Anmeldeformular folgende persönliche Angaben von Ihnen erfragt:

■ Name
Ihr Name wird in allen Google-Diensten verwendet. Wenn Sie beispielsweise in YouTube ein Video kommentieren oder mit anderen teilen, erfolgt dies mit Ihrem Vor- und Nachnamen.

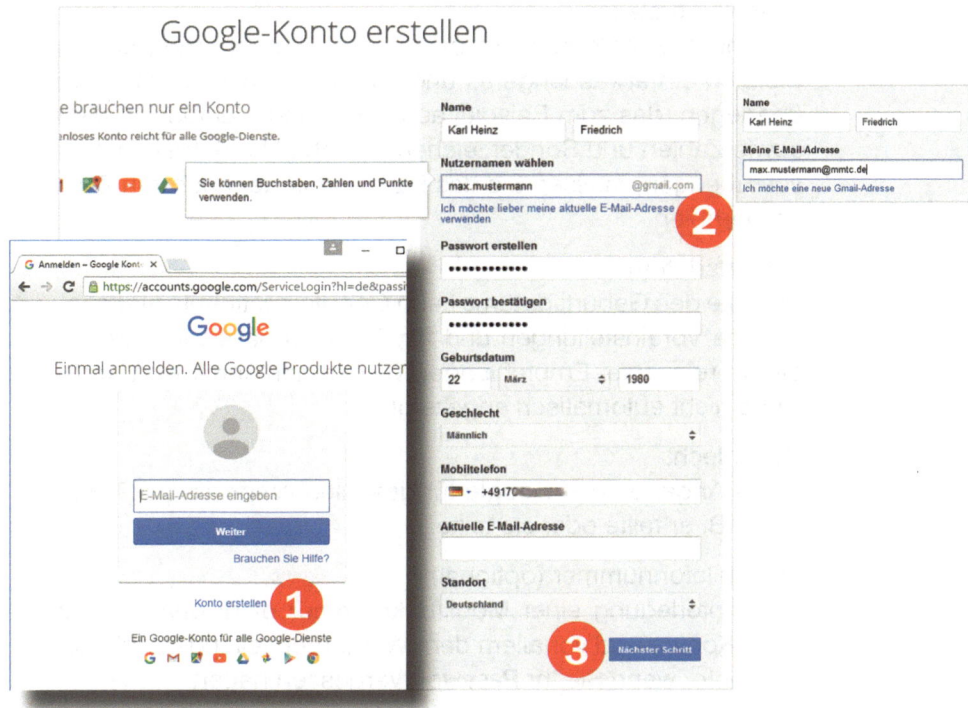

■ Nutzernamen wählen

Mit Erstellung eines Google-Kontos erhalten Sie auch eine neue E-Mail-Adresse des Google-E-Mail-Dienstes *gmail.com*. In das Feld tragen Sie jetzt nur den Nutzernamen ein, den Sie frei wählen können. Viele verwenden als Nutzernamen Vor- und Nachname, z. B. *max.mustermann*. Da jeder Nutzername nur einmal verwendet werden kann, könnte Ihr Wunschname bereits vergeben sein und Sie müssen eine Alternative ausprobieren.

Falls Sie anstelle einer neuen Gmail-Adresse lieber eine bereits vorhandene E-Mail-Adresse verwenden möchten, dann klicken Sie auf *Ich möchte lieber meine aktuelle E-Mail-Adresse verwenden* ❷ und geben diese ein.

- Passwort erstellen
  Um Ihren Google-Account bestmöglich zu schützen, sollten Sie sich ein etwas längeres und vor allem sicheres Passwort überlegen, das zum Beispiel aus Groß- und Kleinbuchstaben sowie Zahlen und Sonderzeichen besteht. Um Schreibfehlern vorzubeugen, müssen Sie das Passwort in der nächsten Zeile wiederholen.

- Geburtsdatum
  Mit Hilfe des Geburtsdatums kann Google bestimmte altersbezogene Voreinstellungen und für Sie personalisierte, das bedeutet relevante, Empfehlungen vornehmen. Ihr Alter wird für Dritte nicht automatisch angezeigt.

- Geschlecht
  Diese Angabe nutzt Google für geschlechtsspezifische Texte, wie z. B. er teilte oder sie teilte...

- Mobiltelefonnummer (optional)
  Die Hinterlegung einer Mobilfunknummer dient dem Schutz Ihres Kontos und vor allem dem Wiederherstellungszugriff auf Ihr Konto, wenn Sie Ihr Passwort vergessen haben.

- Aktuelle E-Mail-Adresse (optional)
  Hier können Sie eine zusätzliche Adresse eines E-Mail-Kontos eingeben, welches Sie ebenfalls nutzen. Sollten Sie das Passwort des Kontos, das Sie gerade erstellen, einmal vergessen, sendet Google einen Bestätigungscode an die zusätzliche E-Mail-Adresse. Über diesen Bestätigungscode schalten Sie Ihr Gmail-Konto wieder frei.

- Standort
  Mit Standort ist das Land gemeint, in dem man seinen gewöhnlichen Wohnsitz hat – in der Regel also Deutschland oder Österreich. Dies wird zum Beispiel dann interessant, wenn Videos für bestimmte Länder nicht zugelassen sind.

Geben Sie alle erforderlichen Informationen ein und klicken Sie dann auf *Nächster Schritt* ❸ (siehe Bild vorherige Seite).

Tipp: Unter Umständen müssen Sie im Abschnitt *Können Sie das lesen?* ❹ ein sogenanntes Captcha entschlüsseln. Hier wird geprüft, ob die Anmeldung tatsächlich von einem Menschen und nicht etwa maschinell vorgenommen wurde.

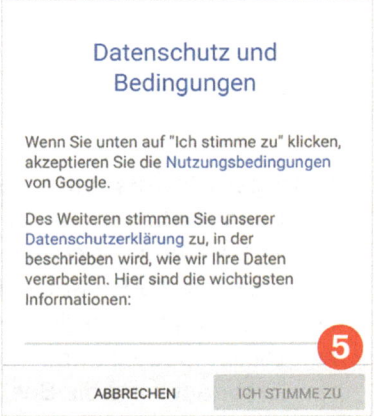

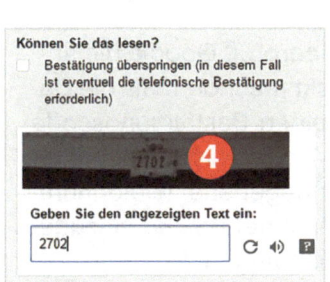

Akzeptieren der Datenschutzerklärung

Im folgenden Schritt müssen Sie die Datenschutzerklärung akzeptieren. Die Schaltfläche *Ich stimme zu* ❺ ist anfangs ausgegraut und inaktiv. Sie wird erst dann aktiv, wenn man die Datenschutzerklärung komplett angesehen, also bis zum Textende geblättert hat.

Bestätigung der E-Mail-Adresse

Nachdem Sie die Datenschutzbestimmungen akzeptiert haben, wird eine Bestätigungsmail an die von Ihnen angegebene *Aktuelle E-Mail-Adresse* geschickt. In dieser E-Mail klicken Sie auf den dort angegebenen Link. Damit ist Ihr Google-Konto aktiviert.

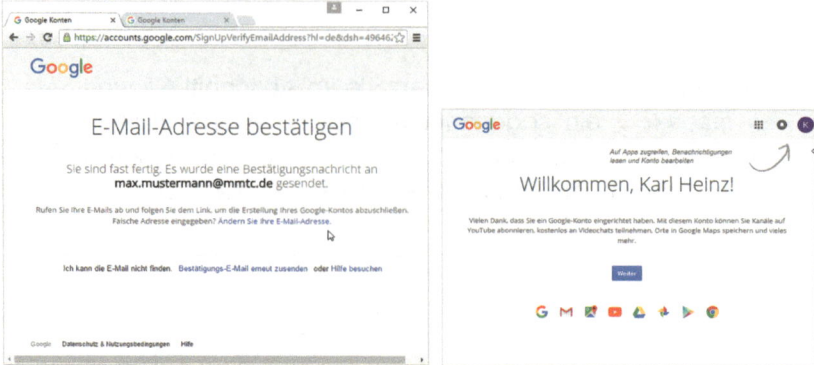

Wichtiger Hinweis: Stichprobenartig überprüft Google die angegebene Telefonnummer und verschickt (nachdem Sie die Datenschutzerklärung akzeptiert haben) einen Bestätigungscode entweder als SMS (Mobilfunknummer) oder als Sprachanruf (Festnetznummer) an die von Ihnen angegebene Telefonnummer. Dieser Code ist dann auf dem Anmeldeformular einzugeben. Erst dann wird die Bestätigungsmail versandt.

Google-Konto an- und abmelden

Mit Aktivierung des Google-Kontos bleiben Sie automatisch im Browser angemeldet – auch wenn Sie zwischenzeitlich Ihren Computer neu gestartet haben. Sie erkennen das auf der Google-Webseite am Kontosymbol rechts oben im Browserfenster ❶.

Abmelden können Sie sich mit Klick auf das runde Kontosymbol und anschließender Auswahl von *Abmelden* ❷. Dieses Vorgehen ist normalerweise bei allen Google-Diensten durchgängig. In der Regel bleiben Sie an Ihrem eigenen Rechner einfach angemeldet. Vergessen Sie nicht, wenn Sie an einem fremden PC arbeiten, Ihr Google-Konto dort auch wieder abzumelden.

Die Anmeldung erfolgt im Browser auf *www.google.de* durch Anklicken der Schaltfläche *Anmelden* rechts oben und Eingabe der E-Mail-Adresse ❸ und des Passworts.

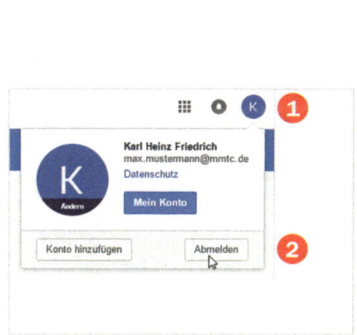

1.2 Wichtige Google-Kontoeinstellungen

Auch wenn Sie jetzt ein aktiviertes, d.h. funktionierendes, Google-Konto haben, sollten Sie dennoch einen Blick in die wichtigsten Grund- und Voreinstellungen werfen. Denn was die meisten nicht wissen: Google bietet Ihnen jede Menge Optionen, Ihr Konto an Ihre Bedürfnisse anzupassen.

Um die Kontoeinstellungen anzuzeigen, klicken Sie auf die Schaltfläche Google-Apps ⦂⦂⦂ und wählen *Mein Konto* aus.

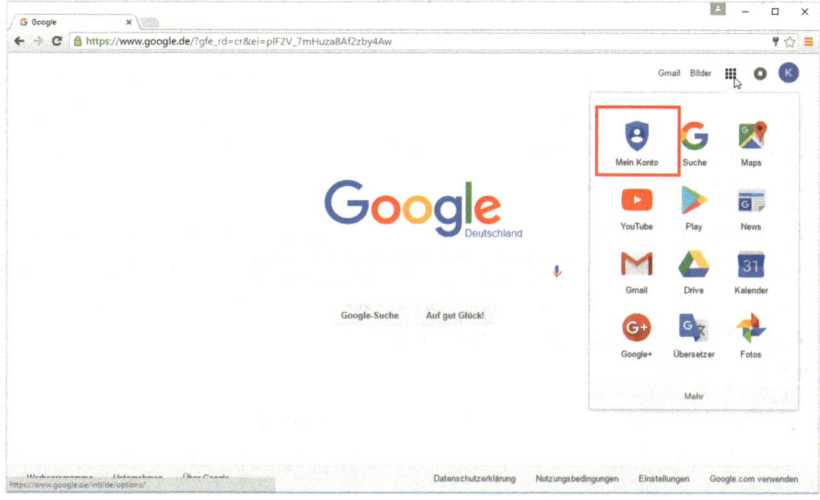

Im Bereich *Mein Konto* haben Sie zahlreiche grundlegende Konfi-gurationsmöglichkeiten, die Google thematisch in drei Bereiche zu-sammengefasst hat: *Anmeldung & Sicherheit*, *Persönliche Daten & Privatsphäre*, *Kontoeinstellungen*.

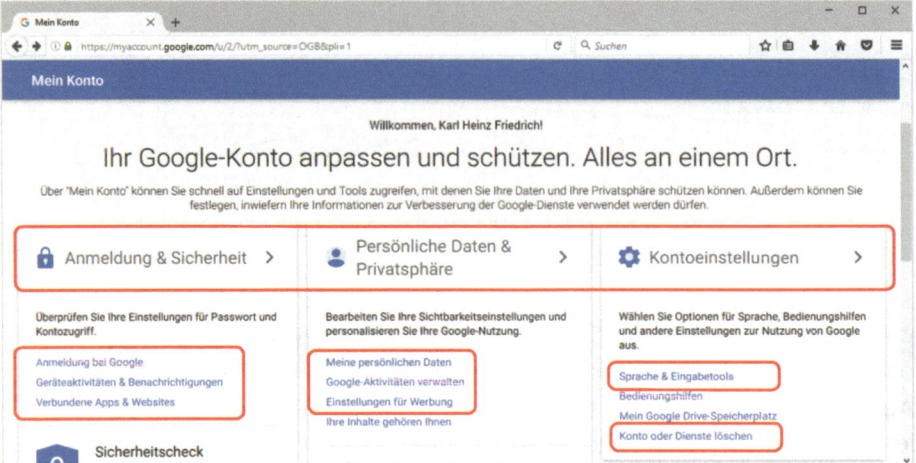

Anmeldung & Sicherheit

Durch Anklicken von *Anmeldung bei Google* erhalten Sie die Mög-lichkeit, Ihr Passwort zu ändern und Sie können auch festlegen, wie Sie auf Ihr Konto zugreifen können, falls Sie Ihr Passwort vergessen (*Optionen zur Kontowiederherstellung*).

Bei *Geräteaktivitäten & Benachrichtigungen* finden Sie die nützliche Funktion *Zuletzt verwendete Geräte*, mit der Sie überprüfen können, zu welchem Zeitpunkt und mit welchen Geräten auf Ihr Google-Kon-to zugegriffen wurde.

Wann immer Sie sich an einem neuen Gerät (Smartphone, Tablet, Laptop oder PC) mit Ihrem Google-Konto anmelden, erhalten Sie eine Benachrichtigung via E-Mail. So soll sichergestellt werden, dass eine unberechtigte Anmeldung mit Ihren Kontodaten nicht un-bemerkt bleibt.

Aus der Liste können Geräte entfernt werden, die Sie z. B. nicht mehr nutzen. Falls Sie ein Gerät verloren haben oder Ihnen ein aufgeführtes Gerät nicht bekannt ist, entfernen Sie es aus der Liste (Android-Smartphones, die Sie auf Werkeinstellungen zurückgesetzt haben, können in der Liste unter Umständen trotzdem auftauchen). Klicken Sie dazu das Gerät an und wählen Sie *Entfernen* und bestätigen nochmals mit *Entfernen*. Bis jetzt können auf diesem Weg nur Android-Smartphone bzw. -Tablets oder iOS-Geräte entfernt werden. Wird in der Liste beispielsweise Windows aufgeführt, handelt es sich dabei um einen PC bzw. Laptop.

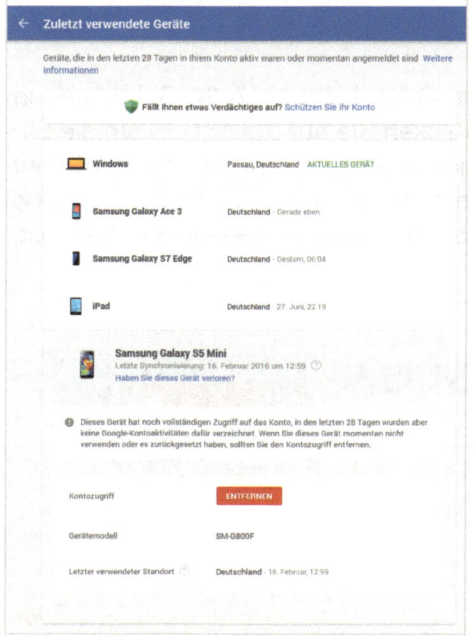 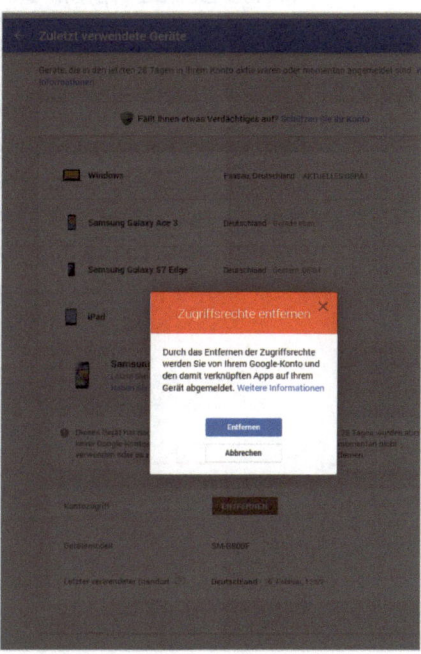

Wichtig! Wenn Sie glauben, dass eines der aufgeführten Geräte unberechtigt Ihr Benutzerkonto verwendet, sollten Sie Ihr Passwort ändern.

Unter *Verbundene Apps & Websites* gibt es die die Option *Weniger sichere Apps zulassen*. Wir empfehlen Ihnen aus Sicherheitsgründen, dass Sie den Schieberegler auf der Position *Aus* belassen.

Persönliche Daten und Privatsphäre

Im Unterpunkt *Meine persönlichen Daten* (siehe Grafik auf Seite 16) können Sie festlegen, welche Ihrer persönlichen Daten privat bleiben sollen und welche Angaben auf Ihrem öffentlichen Profil angezeigt werden dürfen.

> Mit Ihrer Anmeldung bei Google wurde automatisch ein öffentliches Benutzerprofil erstellt. Was darin angezeigt werden soll, bestimmen Sie hier.

Standardmäßig wird weder Ihr Geschlecht noch Ihr Geburtstag im öffentlichen Profil angezeigt. Klicken Sie auf *Über mich*, um die Einstellung zu überprüfen. Sie gelangen zu Ihrem öffentlichen Benutzerprofil, so wie es alle anderen Nutzer sehen. Das Schlosssymbol 🔒 zeigt, dass diese Information für andere Nutzer nicht sichtbar ist.

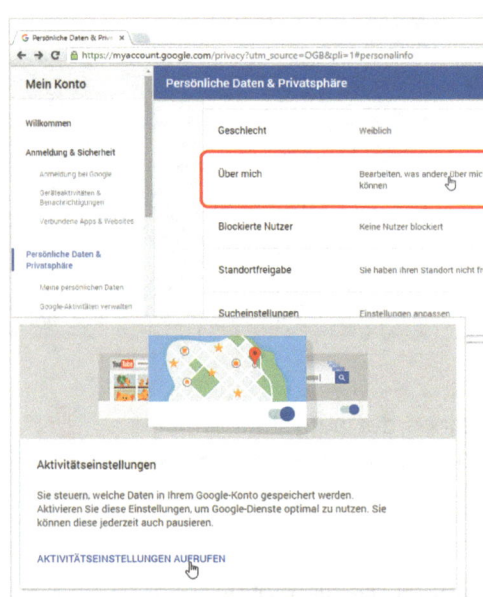

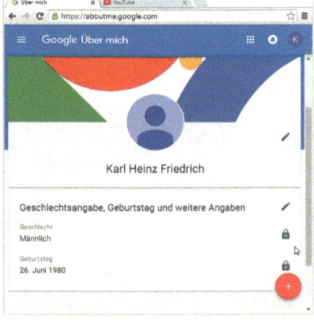

Der Unterpunkt *Google-Aktivitäten verwalten* legt die *Aktivitätseinstellungen* fest. Hier können Sie beispielsweise bestimmen, wie mit Ihren Suchanfragen auf YouTube umgegangen werden soll.

■ Im Bereich *YouTube-Suchverlauf* sehen Sie, dass Ihre Suchan-fragen standardmäßig automatisch gespeichert werden. Dies kann nützlich sein, wenn Sie beispielsweise aktuell nach ei-nem Video suchen, von dem Sie wissen, dass Sie es schon einmal gesucht und gefunden hatten. Der Suchverlauf beein-flusst zudem Ihre Empfehlungen auf der YouTube-Startseite. Wenn Sie das nicht möchten, ziehen Sie den Schieberegler nach links auf die Position *Aus*.

■ Ebenso verhält es sich mit dem *YouTube-Wiedergabeverlauf*. Auf Basis Ihrer bereits angesehenen Videos erhalten Sie ent-sprechende Empfehlungen für ähnliche Videos, die Ihnen gefallen könnten. Wenn Sie dies nicht möchten, können Sie auch diese Funktion hier direkt deaktivieren. Wenn Sie jedoch nicht gleich die ganze Funktion deaktivieren, sondern lediglich einzelne Einträge löschen möchten, klicken Sie unten auf *VER-LAUF VERWALTEN*.

Tipp: Unter dem Unterpunkt *Einstellungen für Werbung* (siehe Grafik auf Seite 16) können Sie ebenfalls festlegen, ob Google personalisierte, das heißt für Sie womöglich relevantere Werbeangebote einblenden soll.

Kontoeinstellungen

Beim Unterpunkt *Sprache & Eingabetools* (siehe Seite 16 Grafik oben) sollten Sie darauf achten, dass die richtige Sprache voreingestellt ist.

Unter dem Unterpunkt *Konto oder Dienste löschen* können Sie einzelne Google-Dienste, wie zum Beispiel Gmail oder auch YouTube löschen, wenn Sie diese nicht mehr benötigen.

Vorsicht: Sie können hier aber auch Ihr komplettes Google-Konto löschen.

Konto oder Dienste löschen

Wenn Sie bestimmte Google-Dienste wie Gmail oder Google+ nicht mehr nutzen möchten, können Sie sie hier löschen. Sie können auch Ihr gesamtes Google-Konto löschen.

Produkte löschen   ›

Google-Konto und -Daten löschen   ›

Damit haben Sie die wichtigsten Grundeinstellungen Ihres Google-Kontos kennengelernt. Wir empfehlen Ihnen aber, die Kontoeinstellungen von Zeit zu Zeit aufzurufen, und zu prüfen, ob die vorgenommen Einstellungen für Sie noch passend sind und ob eventuell von Google neu eingeführte Einstellmöglichkeiten vorhanden sind.

1.3 YouTube Voreinstellungen

Da YouTube ja, wie bereits erwähnt, ein Google-Unternehmen ist, können Sie sich mit Ihrem zuvor angelegten Google-Account bei jedem weiteren Google-Dienst, also auch bei YouTube, mit den gleichen Benutzerdaten anmelden. Das heißt: Ein zentraler Google-Account für alle Google-Produkte.

Um zu Ihren YouTube Kontoeinstellungen zu gelangen, rufen Sie im Webbrowser die Seite von YouTube *www.youtube.de* auf.

Tipp: Wenn Sie sich von Ihrem Google-Konto noch nicht abgemeldet haben, sind Sie bei YouTube automatisch angemeldet.

Falls Sie zuvor bei Ihrem Google-Konto abgemeldet waren, können Sie sich ganz einfach auf der YouTube-Webseite über die blaue Schaltfläche *Anmelden* am rechten oberen Fensterbereich mit Ihren Benutzerdaten anmelden.

Nachdem Sie sich eingeloggt haben, wird die YouTube-Startseite angezeigt. Rufen Sie zunächst die Kontoeinstellungen auf, um wichtige Voreinstellungen vorzunehmen:

1 Klicken Sie rechts oben auf das runde Konto-Symbol und anschließend auf das Zahnrad-Symbol ⚙ .

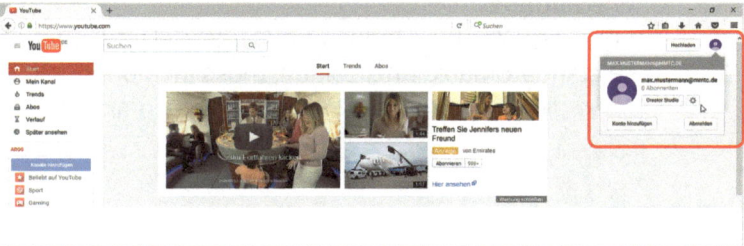

2 Im linken Bereich finden Sie die einzelnen auszuwählenden Menüpunkte.

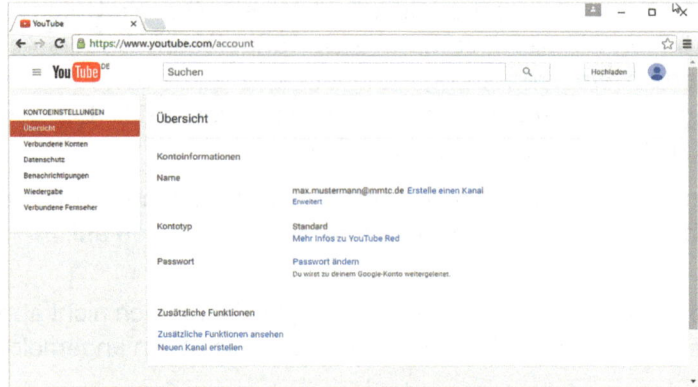

- Datenschutz

  Unter dem Menüpunkt *Datenschutz* können Sie festlegen, ob beispielsweise Videos, die Sie abonniert oder als positiv bewertet haben, als „Privat" behandelt werden sollen. Was sich dahinter im Detail verbirgt, werden wir Ihnen in den nächsten Kapiteln zeigen. Fürs erste würden wir Ihnen aber empfehlen, die Voreinstellung auf *„Privat"* angehakt zu belassen.

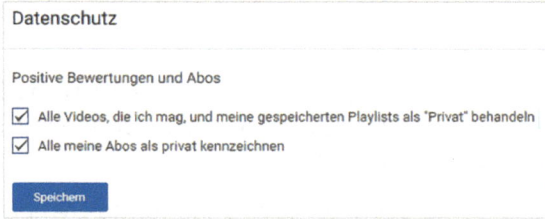

- Wiedergabe

  Für einige YouTube Videos sind Untertitel verfügbar. Um diese standardmäßig anzuzeigen, muss im Menüpunkt *Wiedergabe* die Option *Immer Untertitel anzeigen* aktiviert sein.

- Benachrichtigungen
  Im Bereich *Benachrichtigungen* können Sie steuern, wie viel und welche Art von Informationen Sie von YouTube erhalten.

  Gefällt Ihnen ein Video eines YouTubers, dann möchten Sie vielleicht auch andere Videos dieser Person sehen. Also abonnieren Sie seinen Kanal - dazu später mehr. Damit Sie auf dem Laufenden bleiben und über neue Videos informiert werden, sollten im Bereich *Benachrichtigungen* die Kanalabos aktiviert sein. Hier stellen Sie auch ein, ob Sie die Benachrichtigung via E-Mail oder als Pushnachricht auf Ihrem Smartphone etc. erhalten möchten. Mit vielen abonnierten Kanälen steigt auch die Zahl der Benachrichtigungen. Dann ist es vielleicht Zeit, das Häkchen wieder zu entfernen.

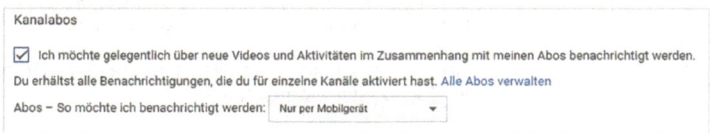

Damit hätten wir auch die für den Start mit YouTube wesentlichen Voreinstellungen besprochen. Aber auch hier gilt: Schauen Sie von Zeit zu Zeit in die Kontoeinstellungen von YouTube, ob Ihre vorgenommenen Einstellungen noch passen und ob YouTube zum Beispiel neue Funktionen aufgenommen hat, die Sie im YouTube-Konto voreinstellen können.

1.4   Tastaturtipps für YouTube

Vorab noch einige nützliche Tastaturtipps, die Sie für die schnelle Steuerung von Videos auf YouTube nutzen können.

K	Das Video pausiert. Bei nochmaligem Drücken wird die Wiedergabe fortgesetzt.
J	Um 10 Sekunden im Video nach vorne springen
L	Um 10 Sekunden im Video zurückspringen
Pfeiltaste rechts	Um 5 Sekunden im Video nach vorne springen
Pfeiltaste links	Um 5 Sekunden im Video zurückspringen
1 - 9	Das Video wird ab 10 bis 90 Prozent der Videolänge abgespielt. Beispiel: Drücken Sie die 8, dann wird das Video bei 80 Prozent der Gesamtabspieldauer wiedergegeben. Drücken Sie dann die 6, dann springt es zu 60% zurück.
M	Ton wird ausgeschalten. Bei nochmaligem Drücken wird der Ton wieder eingeschalten
F	Vollbildmodus wird eingeschalten. ESC-Taste schaltet den Vollbildmodus wieder aus

02
Kapitel

Videos ansehen

In diesem Kapitel erklären wir Ihnen die Startseite von YouTube und zeigen Ihnen, wie Sie Videos ansehen können und welche Einstell-möglichkeiten Sie hierbei haben.

2.1 Die YouTube-Startseite

Die Fensterbereiche

Das Programmfenster (Startseite) von YouTube lässt sich in vier we-sentliche Bereiche unterteilen:

■ Oben: Im Suchfeld ❶ finden Sie durch die Eingabe von Stich-worten bestimmte Videos und Kanäle. Mehr zur Suche erfahren Sie im nächsten Kapitel.

■ Links: Die Menüleiste ❷ (kann über das Symbol ≡ links oben ein- und ausgeblendet werden) enthält die wichtigsten Funktio-nen.

■ Mittig: Der Anzeigebereich ❸ auf der Startseite enthält Kana-lempfehlungen für Sie.

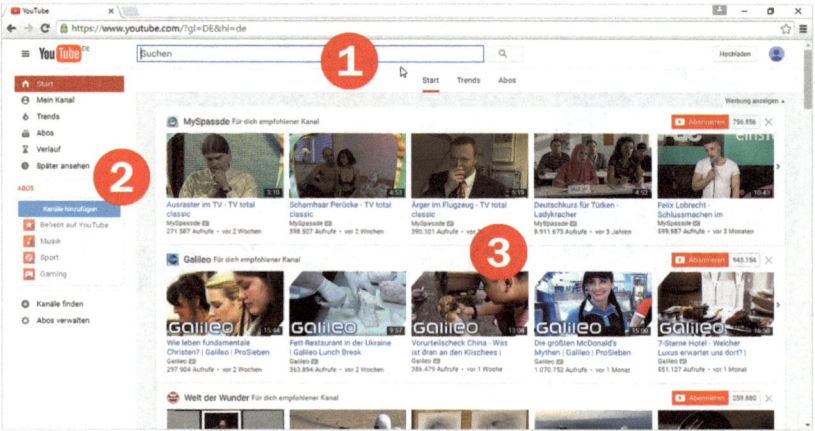

■ Unten: In der unteren Leiste können Sie ein paar interessante Browservoreinstellungen vornehmen. Dazu gleich mehr auf der nächsten Seite.

Was ist ein Kanal?

Standardmäßig ist Ihr Google-Konto nicht mit einem Kanal verbunden, was zur Folge hat, dass Sie selbst auf YouTube nicht öffentlich präsent sind. Ein Kanal (engl. Channel) ist ein persönlicher Bereich und bietet Ihnen zum Beispiel die Möglichkeit, auf YouTube selbst Videos hochzuladen.

Browservoreinstellungen

In der unteren Leiste können Sie von links nach rechts folgende Einstellungen vornehmen:

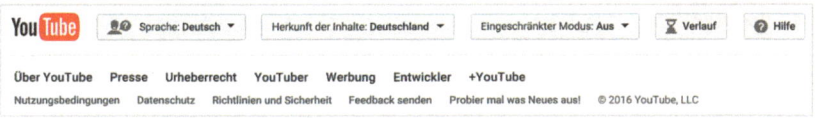

- Sprache: Hier können Sie festlegen, in welcher Sprache Sie YouTube nutzen wollen. Wählen Sie hier *Deutsch* aus.

- Herkunft der Inhalte: Hiermit ist gemeint, aus welchem Land Sie YouTube nutzen. Auch hier sollte Deutschland voreingestellt sein, da es für bestimmte Videos Länderbeschränkungen gibt. Die Sprache der YouTube-Seite ändert sich dadurch aber nicht.

- Eingeschränkter Modus: Ist dieser Modus aktiviert, werden alle Videos ausgeblendet, bei denen der Verdacht besteht, dass sie womöglich unangemessen sind.

- Verlauf: Mit Klick auf die Schaltfläche *Verlauf* können Sie Ihren bisherigen Wiedergabeverlauf (Auflistung aller von Ihnen angesehenen Videos) einsehen, diesen pausieren oder den kompletten Wiedergabeverlauf löschen.

Wichtig! Diese Voreinstellung wird jedoch nur auf den aktuell verwendeten Browser angewendet.

Empfohlene Inhalte von der Startseite entfernen

Wenn Ihre YouTube-Startseite Empfehlungen von Kanälen enthält, die Ihnen nicht zusagen, können Sie diese aus Ihrer Startseite löschen. Klicken Sie hierzu einfach auf das X am rechten Rand.

Daraufhin meldet Ihnen YouTube zurück, dass Ihre Empfehlungen überarbeitet bzw. angepasst werden. Sollten Sie jedoch irrtümlich auf das X geklickt haben, können Sie diese Aktion mit Klick auf *Rückgängig* wieder ungeschehen machen.

2.2   Wiedergabeoptionen

In diesem Abschnitt zeigen wir Ihnen, wie Sie ein Video starten und die vielfältigen Optionen bei der Wiedergabe von Videos optimal nutzen können.

Start- und Pause-Funktion

Um ein Video zu starten, klicken Sie auf der Startseite auf das Vorschaubild eines Videos. Das Video startet dann automatisch im Videoplayer von YouTube.

Vor dem eigentlichen Video werden oftmals einzelne Werbefilme eingeblendet, die Sie in der Regel nach wenigen Sekunden ausblenden können. Dazu tippen Sie am rechten Rand des Videos auf Überspringen.

Rechts finden Sie eine Vorschlagsliste mit Videos zu ähnlichen Themengebieten. Durch Anklicken wählen Sie hier ein anderes Video aus.

Mit der *Pause-Schaltfläche* halten Sie das Video an der aktuellen Stelle an. Alternativ klicken Sie mit der linken Maustaste in das Video. Anhand der Zeitanzeige können Sie ablesen, wie viele Minuten und Sekunden von der Gesamtspieldauer bereits wiedergegeben wurden. In nachfolgendem Beispiel wären es exakt 3 Sekunden von 2 Minuten und 24 Sekunden.

Lautstärkenregelung

Hinsichtlich der Lautstärkenregelung haben Sie zwei Möglichkeiten:

■ Um die Lautstärke stufenlos zu regeln, fahren Sie mit der Maus über das Lautsprechersymbol. Es öffnet sich sodann der Lautstärkeregler, mit dem Sie das Video leiser oder lauter stellen können.

■ Wenn Sie das Video komplett stumm schalten wollen, klicken Sie einfach direkt auf das Lautsprechersymbol.

Autoplay

Die Autoplay-Funktion bewirkt, dass gleich nach dem aktuellen Video automatisch das nächste aus Ihrer Vorschlagsliste rechts abgespielt wird. Die Autoplay-Funktion ist standardmäßig aktiviert und kann mit einem Mausklick deaktiviert werden.

Manuell können Sie auch mit Klick auf die *Weiter*-Schaltfläche das nächste Video aus Ihrer Vorschlagsliste abspielen lassen.

Geschwindigkeit

YouTube bietet Ihnen die Möglichkeit, Videos in unterschiedlichen Geschwindigkeiten wiederzugeben. Vielleicht fragen Sie sich jetzt, wofür man das braucht.

Ein Video schneller ablaufen zu lassen kann sinnvoll sein, wenn Sie sich einen bereits bekannten Inhalt nur schnell ins Gedächtnis rufen wollen. Ein langsamer ablaufendes Zeitlupen-Video kann beispielsweise helfen, eine im Video vorgeführte Aktivität besser zu verstehen und exakt nachzumachen.

- Um die Geschwindigkeit der Wiedergabe zu ändern, klicken Sie auf *Einstellungen* (Zahnradsymbol unten rechts) in der Wiedergabeleiste und dann auf den Menüpunkt *Geschwindigkeit*.

- Sie haben nun die Möglichkeit, Ihr Video stufenweise schneller (1,25 bzw. 1,5, oder 2) oder langsamer (0,5 oder 0,25) abspielen zu lassen.

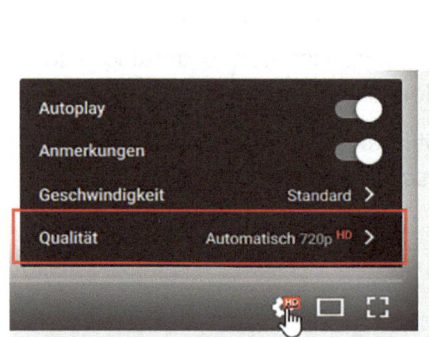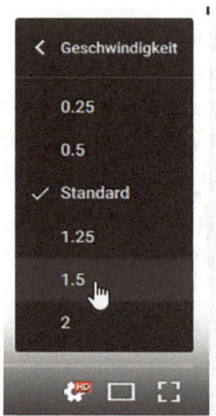

Videoqualität

YouTube möchte Ihnen ein bestmögliches Videoerlebnis bieten. Deswegen wird abhängig von der aktuellen Bandbreite (Geschwindigkeit Ihrer Internetverbindung) automatisch die Videoqualität von Standard Definition (240 Pixel oder 360 Pixel) bis hin zu High Definition (720 Pixel oder 1.080 Pixel) voreingestellt.

Um die Videoqualität manuell zu ändern, klicken Sie auf das Zahnradsymbol und anschließend auf *Qualität*.

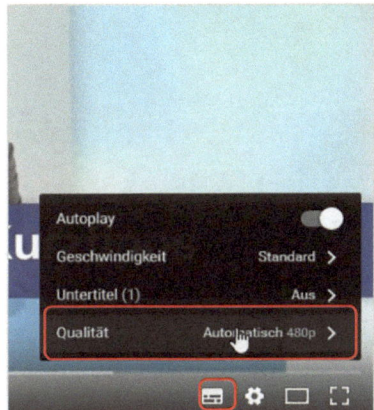 

Das Häkchen vor Automatisch ❶ zeigt Ihnen, dass YouTube, wie bereits erwähnt, abhängig von Ihrer aktuellen Bandbreite die bestmögliche Videoqualität wählt. Sobald Sie manuell beispielsweise HD-Qualität (1080p) wählen ❷, wird diese Voreinstellung deaktiviert.

Allerdings empfehlen wir Ihnen, die Videoqualität automatisch einstellen zu lassen.

Untertitel anzeigen

Untertitel sind Texteinblendungen, die das gesprochene Wort eines Videos zum Beispiel in eine andere Sprache übersetzen. Diese Möglichkeit ist besonders für fremdsprachige Videos interessant. Zudem werden durch das Hinzufügen eines Untertitels Videos auch für Gehörlose nutzbar.

Einen verfügbaren Untertitel blendet man mit Klick auf das *Untertitelsymbol* links neben dem *Zahnradsymbol* ein. Fehlt das Symbol auf der Wiedergabeleiste, so ist für dieses Video kein Untertitel verfügbar.

Um die Anzeige der Untertitel zu deaktivieren, klicken Sie erneut auf das Symbol *Untertitel*.

Werden Untertitel eingeblendet, wird das Untertitelsymbol rot unterstrichen ▣. Standardmäßig ist diese Untertitelfunktion jedoch deaktiviert ▣.

Um die Sprache zu ändern, gehen Sie auf das *Zahnradsymbol* ❶ und wählen dann *Untertitel* ❷ aus. Wählen Sie hier Ihre gewünschte Sprache aus.

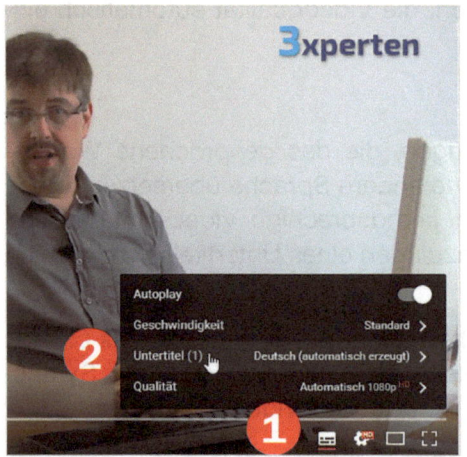

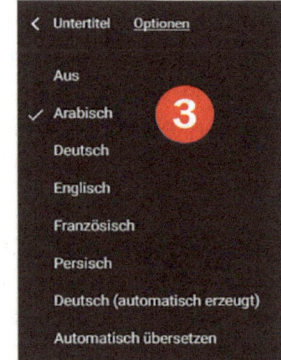

Je nach Video können vom Urheber des Videos, etwa für Zuschauer aus verschiedenen Ländern, mehrere Untertitel ❸ in den unterschiedlichsten Sprachen angeboten werden.

> **Tipp:** Wenn Sie das Erscheinungsbild der Untertiteltexte ändern wollen, klicken Sie im Menü *Untertitel* rechts oben auf *Optionen*.

Hier haben Sie dann vielfältige Einstellmöglichkeiten hinsichtlich Schriftbild, Hintergrund, Fensterdarstellung etc.

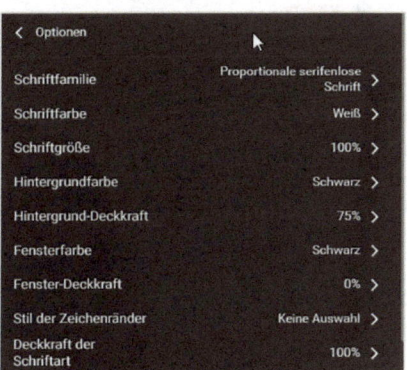

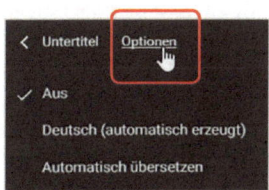

Kinomodus, Vollbildmodus und TV-Ansicht
Neben der Standardansicht bietet YouTube drei weitere Ansichten: den Kinomodus, den Vollbildmodus und die TV-Ansicht.

Im **Kinomodus** wird das Video, wie im Kino, im Breitbildformat angezeigt. Wenn das Video für die gesamte Bildschirmbreite zu klein ist, fügt YouTube den Videos im Player automatisch schwarze Balken hinzu, sodass Videos weder abgeschnitten noch gestreckt bzw. gezerrt angezeigt werden.

Den Kinomodus schalten Sie über die *Kinomodus*-Schaltfläche ein. Zum Standardmodus gelangen Sie zurück, indem Sie nochmals auf die gleiche Schaltfläche klicken.

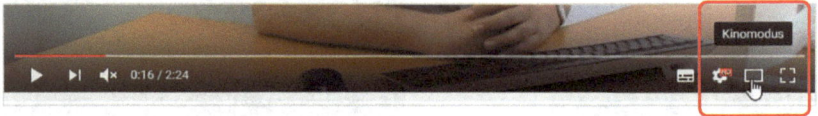

Im **Vollbildmodus** wird das Video, wie der Name schon sagt, bildschirmfüllend angezeigt. Die Bedienelemente des YouTube-Players werden nach einer kurzen Zeit automatisch ausgeblendet, so dass man das Video in Vollbild genießen kann. Einschalten können Sie den Vollbildmodus über die Schaltfläche *Vollbildmodus*. Um vom Vollbildmodus wieder in den Standardmodus zu wechseln, drücken Sie einfach die *ESC-Taste* auf Ihrer Tastatur.

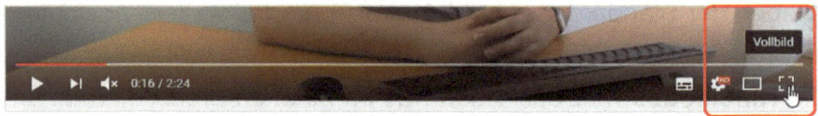

YouTube TV ist eine spezielle Ansicht der YouTube-Website, die für internetfähige TV-Geräte optimiert wurde. Diese können Sie aber auch auf Ihrem Computer einstellen.

Um YouTube in einer TV-Ansicht zu benutzen, rufen sie folgende URL auf: *www.youtube.com/tv*

Videos in Wiederholungsschleife ansehen

In manchen Fällen kann es nützlich sein, ein Video in einer Wiederholungsschleife anzusehen, wie zum Beispiel bei Musik- oder Lern-
videos. Um dies zu erreichen, klicken Sie mit der rechten Maustaste
in das Video und wählen den Befehl *Schleife* aus. Das Video wird
hierdurch immer wieder wiederholt. Um die Wiederholung zu beenden, deaktivieren Sie das Häkchen beim Befehl *Schleife* einfach
wieder entsprechend durch Rechtsklick auf das Video.

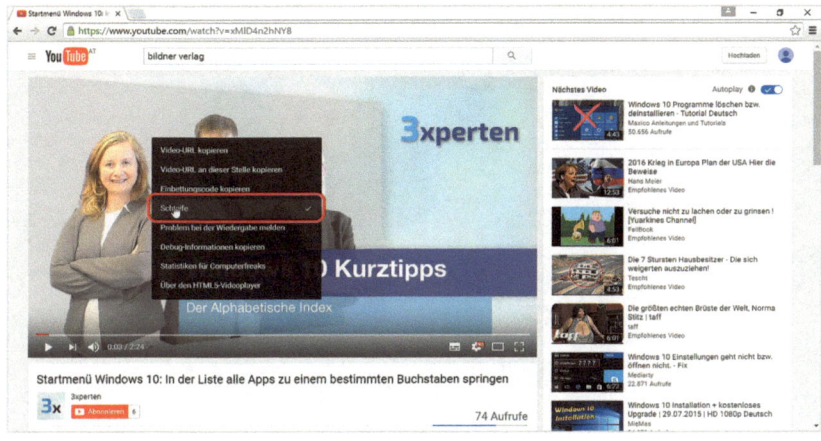

Videos finden und merken

In diesem Kapitel zeigen wir Ihnen, wie Sie auf YouTube interessante Videos finden, welche Einstellmöglichkeiten Sie hierbei haben und wie Sie Videos für ein späteres Ansehen auf einer sogenannten Playlist vormerken können.

3.1 Videos suchen

Hier zeigen wir Ihnen, wie Sie gezielt nach Videos suchen und welche Möglichkeiten Sie hierbei haben, um möglichst schnell zum Erfolg zu kommen.

Suche mit Filterfunktionen

Um ein Video auf YouTube zu suchen, geben Sie den Suchbegriff in das Suchfeld oben ein und klicken auf das Lupensymbol. Im folgendem Beispiel suchen wir Videos vom Bildner-Verlag. Sobald die Ergebnisse angezeigt werden, erscheint der Dropdownbutton *Filter*, der Ihnen jetzt einige Selektionsmöglichkeiten bietet, um die Ergebnisse zusätzlich einzugrenzen. Das ist besonders dann von Vorteil, wenn es zu einem Suchbegriff tausende Treffer gibt.

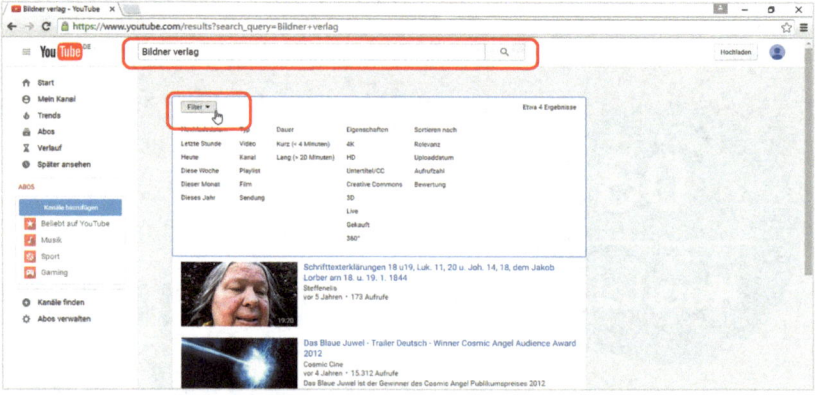

Um die Trefferliste nach bestimmten Kriterien zu filtern, klicken Sie diese einfach an. Sie erscheinen dann direkt rechts neben dem Button *Filter*. Im folgenden Bild sehen Sie, dass genau zwei Videos den Filterkriterien „Dieses Jahr" und „Kurz (< 4 Minuten)" entsprechen.

Tipp: Mit Klick auf die X gleich neben den Filterkriterien können Sie diese einzeln deaktivieren.

Suchsyntax verwenden

Obwohl die Suche in YouTube generell sehr gut funktioniert, kann es nützlich sein, beim Suchen bestimmte Schlüsselwörter (Keywords) zu verwenden, um damit schneller bestimmte Inhalte zu finden.

Ein Beispiel: Nehmen wir an, Sie wollen das Lied „Ham kummst" der beiden Österreicher Seiler und Speer finden, dann geben Sie folgenden Suchbegriff ein: *Lied:Ham kummst*

Hinweis: Bitte achten Sie darauf, dass vor und nach dem Doppelpunkt kein Leerzeichen ist.

Ähnlich können Sie vorgehen, wenn Sie nach einem bestimmten Künstler oder Autor suchen: *Künstler:Mozart*

Tipp: Die vollständige Liste aller in YouTube verwendbarer Suchoperatoren können Sie der YouTube-Hilfe entnehmen. Recherchieren Sie hier nach „Modifikatoren für die Inhaltssuche".

Wenn Sie den Titel bzw. Inhalt des gewünschten Videos genau kennen, können Sie diesen auch in Anführungszeichen „Titel" setzen. Dies grenzt die Trefferliste in der Regel ebenfalls stark ein.

> **Hinweis:** Die logischen Operatoren, die Sie vielleicht von Google kennen, wie z. B. AND, OR, NOT etc. funktionieren in YouTube nicht.

Operatoren für die Video-Suche

Einige von Googles bekannten Suchoperatoren funktionieren auch auf YouTube, wie zum Beispiel:

- "Dreiflüssestadt Passau" zeigt als Ergebnis nur Videos, bei denen die in Anführungszeichen gesetzten Suchbegriffe exakt in der Reihenfolge übereinstimmen.

- Mehlspeisen +Österreich bringt nur Videos, bei denen beide Begriffe vorkommen.

- Brücke -Yoga liefert alle Videos für Brücke, bei denen das Wort Brücke vorkommt, aber nicht Yoga.

- **INTITLE:** Raumfahrt liefert im Ergebnis Videos, bei denen das Wort Raumfahrt im Titel vorkommt.

Über den Verlauf Inhalte wiederfinden

- Im Wiedergabeverlauf wird im Hintergrund völlig automatisch und chronologisch mitprotokolliert, welche Videos Sie sich bereits angesehen haben.

- Im Suchverlauf werden alle bisherigen Suchanfragen in YouTube aufgezeichnet.

Beide Verläufe können Sie für eine schnelle Suche nutzen, gerade wenn es sich um ein Video handelt, von dem Sie wissen, dass Sie es entweder schon einmal angesehen oder nach ihm gesucht haben.

Sie rufen den Wiedergabeverlauf / Suchverlauf auf, in dem Sie in der linken Menüleiste auf *Verlauf* klicken ❶. Daraufhin wird Ihnen sowohl der *Wiedergabeverlauf* als auch der *Suchverlauf* angezeigt ❷. Mit Klick auf den jeweiligen Verlauf können Sie sich Ihre bisherigen Aktivitäten ansehen.

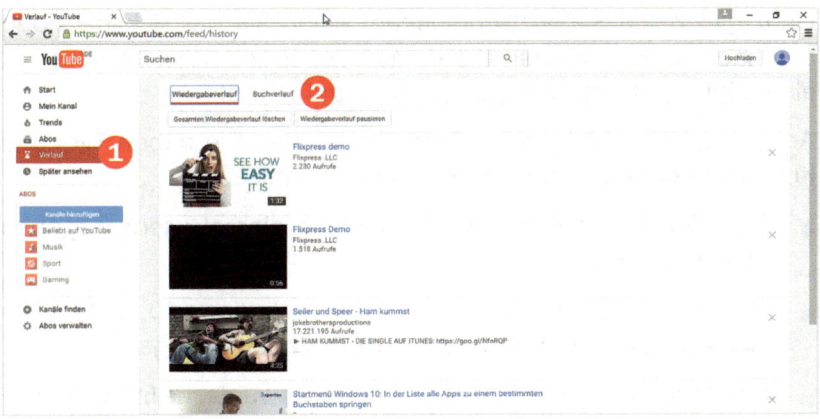

Den Wiedergabeverlauf löschen oder pausieren

Hinsichtlich der Verwaltung Ihres Wiedergabeverlaufes bietet Ihnen YouTube zwei Möglichkeiten:

- *Gesamten Wiedergabeverlauf löschen*:
  In diesem Fall werden alle Einträge der Liste komplett und unwiderruflich gelöscht. Um ein versehentliches Löschen zu verhindern, erscheint folgende Meldung:

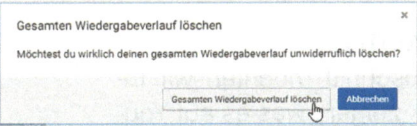

- *Wiedergabeverlauf pausieren*:
  Hiermit legen Sie fest, dass ab diesem Zeitpunkt Ihre angesehenen Videos nicht mehr mitprotokolliert werden sollen. Mit Klick auf die Schaltfläche *Wiedergabeverlauf fortsetzen* schalten Sie das automatische Mitprotokollieren wieder ein.

Ganz gleich wie Sie letztlich suchen: Wenn Sie das richtige Video gefunden haben, können Sie es aus der Ergebnisliste heraus mit einem Klick auf das Vorschaubild oder auf *Titel* öffnen.

Anhand des nachfolgenden Beispiels können Sie neben Titel und Kurzbeschreibung folgende Informationen ablesen:

■ Das Video wurde bereits mindestens einmal wiedergegeben (ANGESEHEN).

■ Der Titel des Videos lautet: „Startmenü Windows 10: In der Liste alle Apps zu einem bestimmten Buchstaben springen".

■ Der Kanal, in dem das Video veröffentlicht wurde, heißt 3xperten.

> **Tipp:** Mit einem Klick auf den Kanalnamen werden Ihnen alle Videos des Kanals angezeigt.

■ Das Video wurde vor 9 Monaten veröffentlicht und bisher 66 mal aufgerufen.

■ Das Video hat eine Gesamtspieldauer von 2 Minuten 25 Sekunden.

Das Beste auf YouTube

Im folgenden Abschnitt möchten wir Ihnen im Überblick zeigen, was es auf YouTube zu entdecken gibt. YouTube bietet hierfür einen eigenen vorbereiteten Bereich namens *Das Beste auf YouTube* an.

Klicken Sie im linken Navigationsbereich unter ABOS auf *Kanäle hinzufügen*. Alternativ können Sie auch auf den Link *Kanäle finden* (siehe Grafik nächste Seite) klicken.

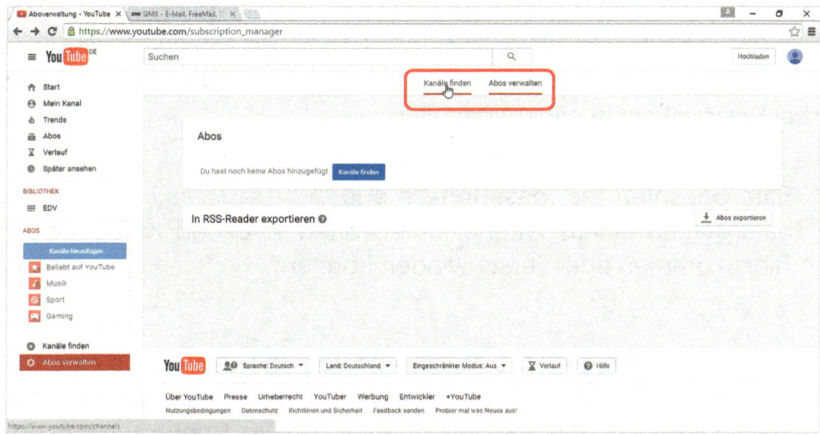

Auf beiden Wegen gelangen Sie zur Seite *https://www.youtube.com/channels*, auf der Ihnen YouTube, mehr als Empfehlung verstanden, das Beste aus folgenden Bereichen anbietet:

■ Beliebt auf YouTube

■ Musik

■ Sport

■ Gaming

■ News

■ Live

■ 360° Videos

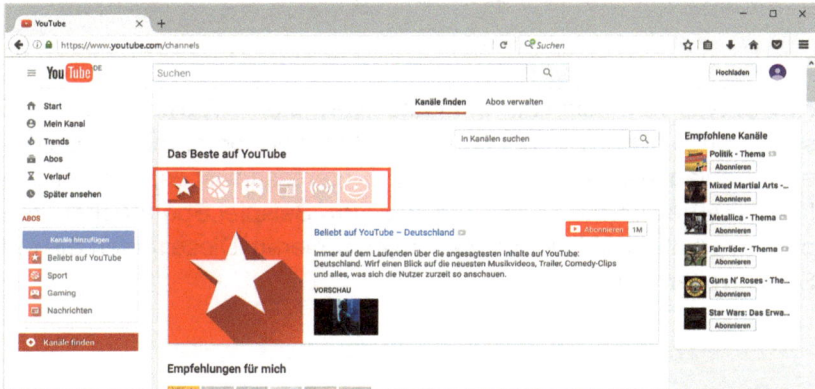

Wenn Sie die einzelnen Kanäle anklicken, können Sie der jeweiligen Kanalbeschreibung entnehmen, welche Videoinhalte besonders empfohlen werden. Nachfolgend möchten wir Ihnen nur ganz kurz drei Beispielkanäle näher vorstellen.

> Bitte beachten Sie, dass Inhalte aus *Das Beste aus YouTube* naturgemäß einem Wandel unterworfen sind und Kategorien hinzukommen oder verschwinden können.

YouTubes Musikseite: Die Musikseite von YouTube wurde eigenen Angaben zufolge mittels einer speziellen Videoanalysesoftware automatisch erzeugt. Hier werden Ihnen die besten Songs aus den unterschiedlichsten Genres angeboten. Scrollen Sie im Bereich Kanal finden.

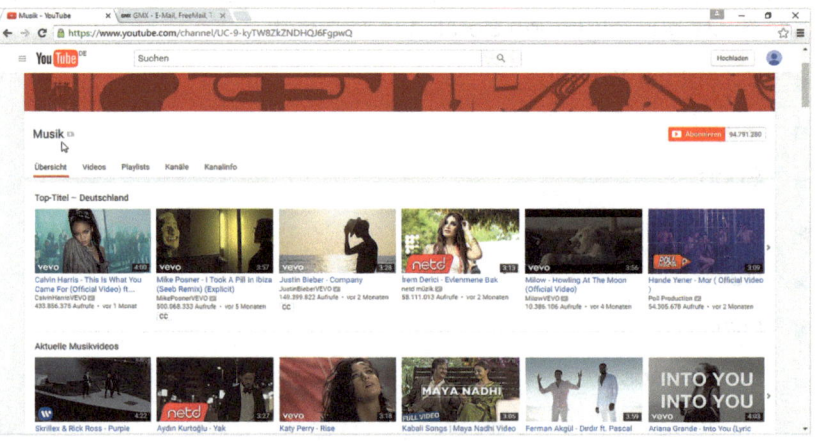

News: Was vermutlich die wenigsten vermuten – YouTube bietet auf seiner Seite *News* zahlreiche Nachrichtenangebote, mit tagesaktuellen Schlagzeilen etc. an. Besonders interessant ist es, sich je nach Interesse bestimmte *Abschnitte*, wie zum Beispiel Sportnachrichten oder internationale Nachrichten, zu abonnieren. Diese finden Sie ein Stück weiter unten.

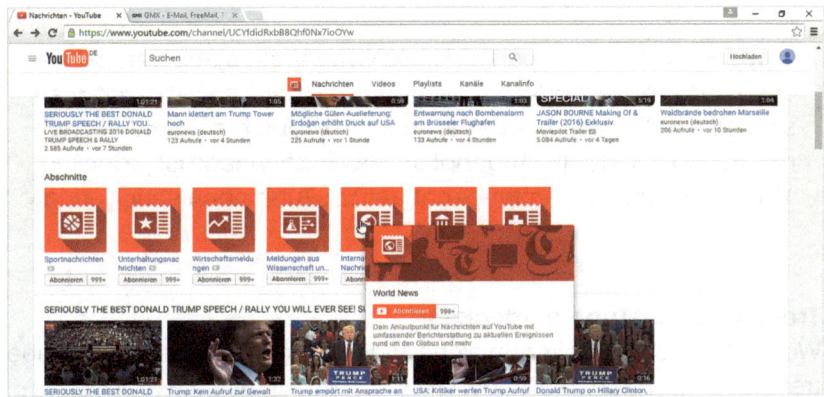

360 Grad Videos: Auf dieser Seite präsentiert YouTube die derzeit populärsten 360 Grad Videos. Hierbei handelt es sich um soge-nannte Virtual Reality (VR) - Videos, bei denen der Benutzer, selbst während das Video abläuft, die Kamera in verschiedene Richtungen drehen kann. Um andere Aspekte des Videos zu sehen, müssen Sie mit der Maus auf die Richtungspfeile ❶ im Videoplayer klicken.

> **Tipp:** Gerade, wenn man sich 360 Grad Videos aus den Bereichen Extremsport oder im Vergnügungspark ansieht, hat man schnell das Gefühl, live dabei zu sein. Probieren Sie es einfach mal aus. Das aktuelle Angebot an 360 Grad Videos ist jedoch im Verhältnis zum Gesamtangebot auf YouTube noch sehr gering.

Trends auf YouTube entdecken

Wenn Sie wissen wollen, welche Videos tagesaktuell auf YouTube trendig sind, rufen Sie folgende URL auf: *https://www.google.de/trends/hotvideos*.

Sie können hier auch nach Ländern und dem Sie interessierenden Datum filtern.

> **Profi-Tipp:** Wenn Sie generell wissen möchten, welche Themen derzeit im Netz im Trend liegen, dann sollten Sie sich folgenden Service von Google ansehen: *https://www.google.de/trends/*. Sie haben zahlreiche Filtermöglichkeiten, um zu aussagekräftigen Ergebnissen zu kommen.

3.2 Videos mit Playlists verwalten

In diesem Abschnitt zeigen wir Ihnen, wie Sie in YouTube mit der voreingestellten Playlist *Später ansehen* arbeiten, wie Sie eigene Playlists erstellen und sich damit Ihre bevorzugten Videos merken und so schneller und einfacher wiederfinden können.

Was sind Playlists?

Playlists sind im Grunde nichts anderes als von Ihnen erstellte Merklisten, auf denen Sie interessante Videos vormerken oder notieren können. Sie können mehrere Listen anlegen, um die Videos beispielsweise thematisch voneinander zu trennen.

Videos später ansehen (Playlist „Später ansehen")

Für den Fall, dass Sie sich ein interessantes Video nicht jetzt gleich ansehen können, hat YouTube vorgesorgt, indem es eine vorgefertigte Playlist *Später ansehen* anbietet. Diese ist über das linke YouTube-Menü erreichbar ❶. Diese Playlist können Sie sofort verwenden. Für individuelle Playlists muss jedoch ein eigener Kanal angelegt werden. Dazu gleich mehr auf der nächsten Seite .

Anfangs enthält diese Merkliste allerdings noch keine Videos, wie Sie in folgendem Beispiel sehen können ❷.

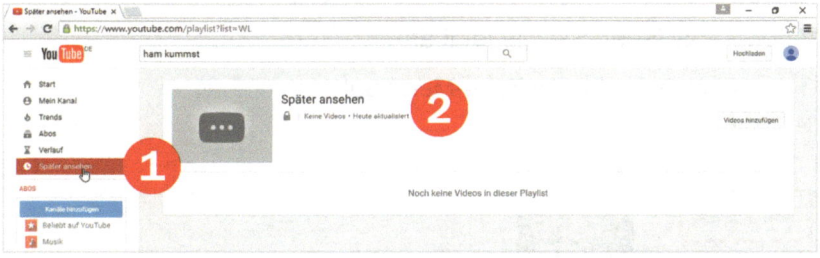

Um ein Video auf die Liste *„Später ansehen"* zu bringen, fahren Sie mit der Maus über die Zeitangabe im rechten unteren Eck der Videovorschau und klicken hierauf. Das Video wird dann automatisch in die Playlist *„Später ansehen"* eingetragen.

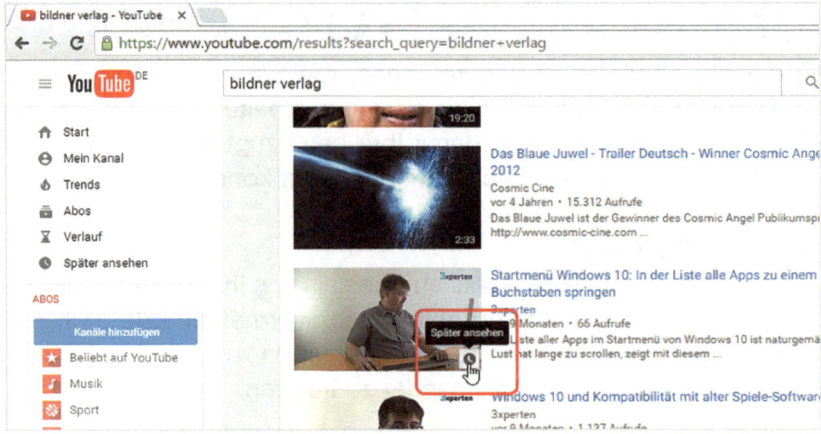

Wenn Sie dann einmal mehr Zeit haben, können Sie im YouTube-Menü die Playlist *„Später ansehen"* aufrufen und Ihre vorgemerkten Videos zum Ansehen anklicken.

Einen eigenen Kanal anlegen

Um jedoch eigene Listen anlegen zu können, verlangt YouTube von Ihnen, dass Sie selbst einen Kanal anlegen. Dies ist im Prinzip auch kein Problem, denn Sie müssen ja in den Kanal keine Videos hinterlegen.

Einen Kanal legen Sie wie folgt an:

1 Klicken Sie im YouTube-Menü auf *Mein Kanal*.

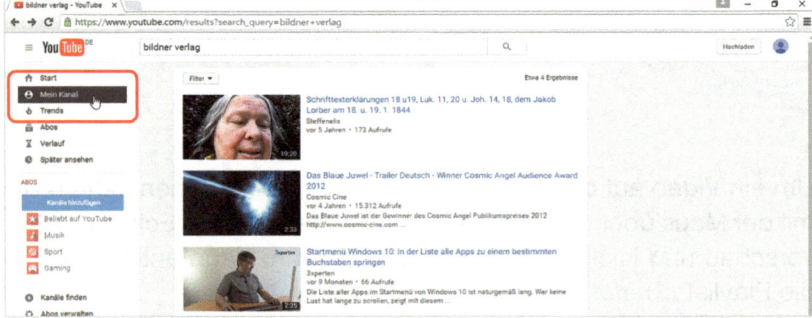

2 Es erscheint ein Hinweis, auf welchen Namen der Kanal eingerichtet werden soll. Im Prinzip sind es die Daten, mit denen Sie
am Anfang dieses Buches bereits Ihr Google-Konto eingerichtet haben. Klicken Sie auf *Kanal erstellen* ❶ und YouTube hat
damit Ihren Video-Kanal eingerichtet.

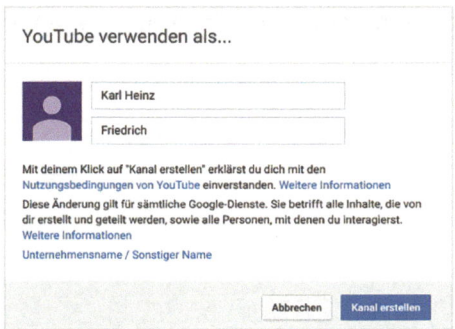

> **Hinweis:** Solange Sie keine öffentlichen Videos in Ihren Kanal
> hochladen, bleiben Ihre darin befindlichen Playlisten und auch
> die Videos, die Sie mit „gefällt mir" markiert haben, zunächst
> nur für Sie sichtbar.

Videos zu einer eigenen Playlist hinzufügen

Sie fügen ein Video einer Playlist hinzu, in dem Sie bei dem Video,
das Sie auf eine eigene Liste aufnehmen möchten, unten auf die
Schaltfläche *+ Hinzufügen* klicken.

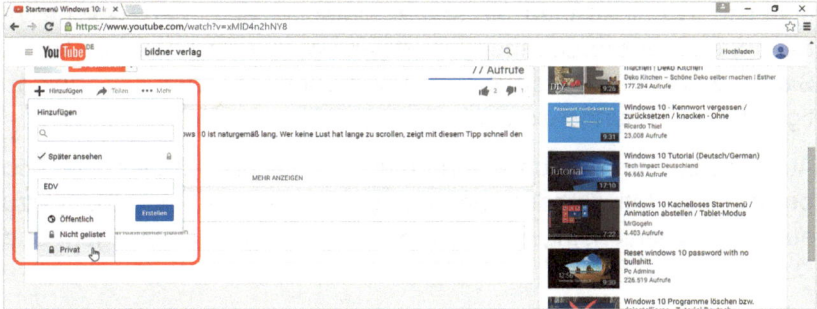

Klicken Sie dann *Neue Playlist erstellen* an und vergeben Sie einen Namen für Ihre Playlist. In unserem Beispiel legen wir eine Playlist EDV an und definieren, dass diese Liste nur für uns sichtbar, also *Privat*, sein soll. Mit Klick auf *Erstellen* ist die Playlist EDV angelegt und das Video hierunter vorgemerkt.

Ihre eigenen Playlisten werden dann sofort im YouTube-Menü unter dem Abschnitt *Bibliothek* sichtbar.

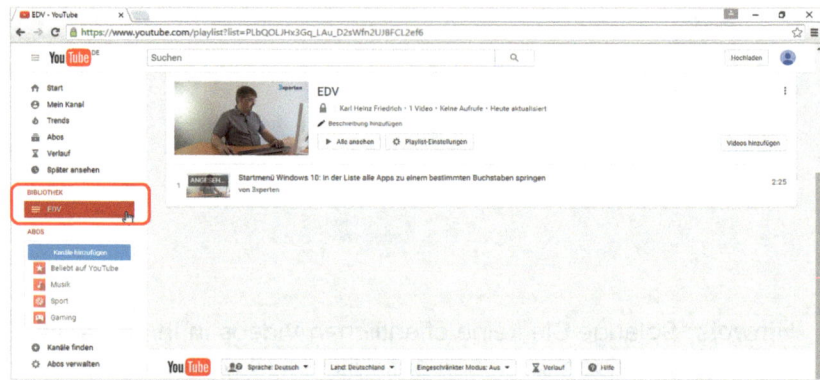

Wenn Sie YouTube regelmäßig nutzen, werden Sie über die Zeit sehr wahrscheinlich verschiedene Playlisten zu den unterschiedlichsten Themen anlegen. Damit haben Sie stets einen schnellen Zugriff auf Ihre individuellen Sammlungen von interessanten Videos.

Persönliche Notizen hinzufügen

Wenn Sie mehrere Playlists erstellt haben, macht es durchaus Sinn, dass Sie eine kurze Beschreibung / Notiz zu den jeweiligen Playlists erstellen. Damit können Sie später einfacher erkennen, welche Videos Sie unter der betreffenden Playlist vorgemerkt haben. Klicken Sie hierzu auf das Stiftsymbol ❶ und tippen Sie Ihren aussagekräftigen Beschreibungstext ein.

Auch zu einzelnen Videos innerhalb der Playlist können Sie sich persönliche Notizen oder Anmerkungen notieren. Klicken Sie hierzu auf *Mehr* ❷ (erscheint, wenn Sie den Mauszeiger hinbewegen) und *Notizen hinzufügen/ändern*.

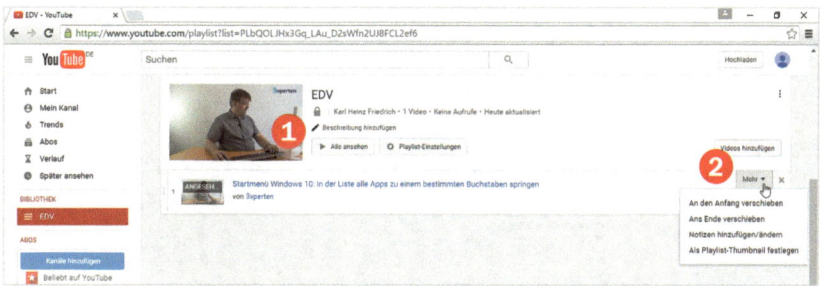

Reihenfolge der Videos auf der Playlist ändern

Wenn Sie die Reihenfolge der Video-Einträge in der Playlist ändern wollen, geht das ganz einfach. Fahren Sie mit der Maus vor die jeweilige Nummerierung des Videos, bis der Mauszeiger zu einem *Kreuz* wird. Halten Sie dann die linke Maustaste gedrückt und ziehen den Playlisteintrag am *Anfasser* am linken Rand auf die gewünschte Position entweder nach oben oder unten. YouTube passt die neue Reihenfolge dann entsprechend an.

3.3 Kanäle abonnieren

Wenn Ihnen ein Video gefallen hat und Sie mehr von dem Anbieter sehen wollen, können und sollten Sie dessen Kanal abonnieren. Dies hat den Vorteil, dass Sie schnellen Zugriff auf Ihre Lieblingsvideos haben und zudem sofort mitbekommen, wenn neue Videos hochgeladen wurden.

Ihre Abos erscheinen in der linken Menüleiste von YouTube. Standardmäßig wird die Startseite mit Klick auf *Abos* so wie im nachfolgenden Bild aussehen, da Sie noch keinen Kanal abonniert haben.

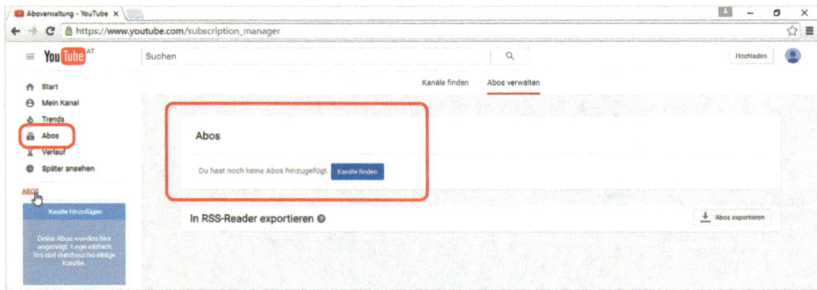

Um einen Videokanal zu abonnieren, klicken Sie auf die rote Abon-
nieren-Schaltfläche direkt unter dem Videoplayer.

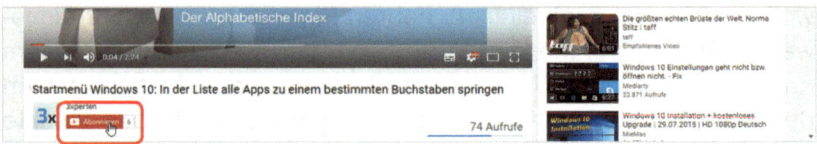

Der Kanal ist damit abonniert und wird im YouTube-Menü unter *Abos*
❶ angezeigt. Wenn Sie das Abo beenden wollen, klicken Sie auf die
Schaltfläche *Abonniert* ❷ .

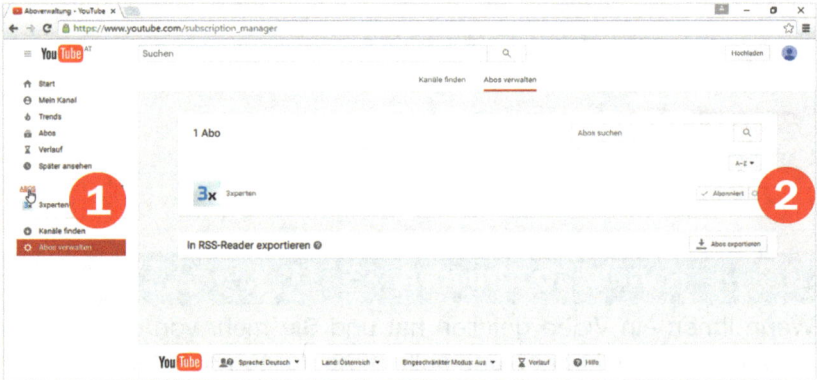

04
___
Kapitel

Videos kommentieren, bewerten und teilen

In diesem Kapitel zeigen wir Ihnen, wie Sie auf YouTube bei von Ihnen angesehenen, interessanten Videos Ihre Meinung als Kommentar hinterlassen, wie Sie diese Videos bewerten und mit anderen Internetnutzern teilen können.

4.1 Videos kommentieren

Wenn Sie zu einem Video einen öffentlichen Kommentar hinterlassen möchten, dann können Sie die Kommentare-Funktion nutzen, die sich immer unterhalb des Videoplayers bzw. der Videobeschreibung befindet.

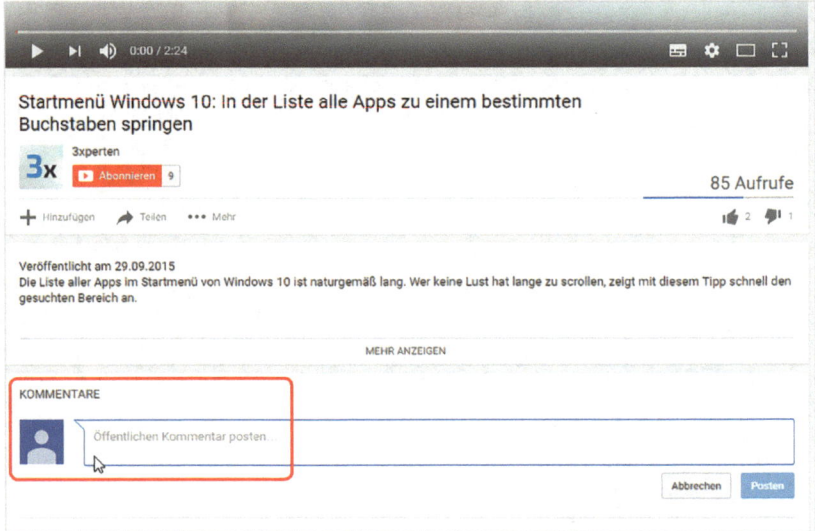

Wenn der Kanalbetreiber diese Funktion jedoch deaktiviert hat, können Sie keine Kommentare hinterlassen. Sie sehen dann folgende Meldung:

Kommentare sind für dieses Video deaktiviert.

Zurück zum Kommentieren:

Wenn Sie einen Kommentar hinterlassen, wird dieser im Bereich Kommentare immer unten angefügt **❶**. Möchten Sie Ihren Kommentar nachträglich bearbeiten bzw. verändern oder sogar löschen, klicken Sie rechts auf die drei Punkte ⋮ , worauf hin Ihnen die Bearbeitungs- und Löschmöglichkeiten **❷** angeboten werden.

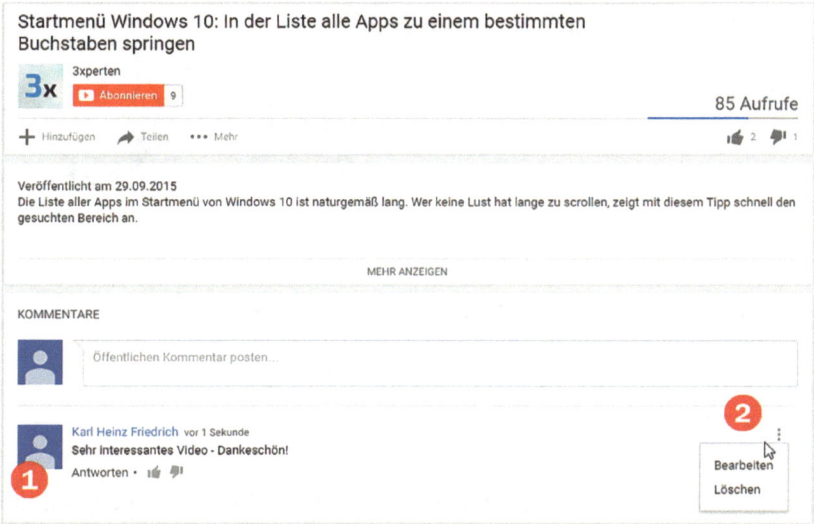

> **Wichtig!** Bedenken Sie, dass Kommentare immer öffentlich zugänglich und damit von aller Welt lesbar sind. Wenn Sie dem Kanalbetreiber eine persönliche Nachricht zukommen lassen möchten, sollten Sie ihm eine private Nachricht senden. Wie das geht, zeigen wir Ihnen nachfolgend.

4.2   Private Nachrichten senden

Sie können einem Kanalbetreiber eine persönliche Nachricht senden. Bedingung ist allerdings auch hier, dass der Kanalbetreiber diese Funktion in seinen Einstellungen aktiviert hat.

Mit folgenden Klicks senden Sie eine persönliche Nachricht:

1   Klicken Sie auf den Kanalnamen ❶.

2   Klicken Sie dann auf den Tab *Kanalinfo* ❷.

3   Klicken Sie im rechten Bereich der Kanalbeschreibung auf die Schaltfläche *Nachricht senden*   Nachricht senden .

4   Geben Sie nun in dem sich öffnenden Fenster Ihre private Nachricht ein und klicken Sie auf *Senden*.

4.3   Videos bewerten

Sie können anderen YouTube-Nutzern und letztlich auch dem Kanalbetreiber selbst mitteilen, ob Ihnen ein Video gefallen hat oder nicht. Dies erreichen Sie, indem Sie ein Video positiv oder negativ bewerten.

Gleich unter dem Videoplayer befinden sich im rechten Bereich zwei kleine graue Daumen-Symbole. Daumen nach oben 👍 bedeutet, dass Ihnen das Video gefallen hat. Daumen nach unten 👎 hingegen, dass Sie das Video nicht mögen.

Um eine Bewertung abzugeben, müssen Sie lediglich auf eines der beiden Daumen-Symbole klicken. Daraufhin wird der betreffende Daumen in blau dargestellt und der Zähler um eins nach oben gesetzt.

Hinweis: Durch das Bewerten eines Videos werden diese automatisch entweder auf Ihre Playlisten „Videos, die ich mag" oder „Videos, die ich nicht mag" aufgenommen. In den Datenschutzeinstellungen können Sie festlegen, ob diese Playlisten „privat", also nur für Sie einsehbar sein sollen.

4.4 Videos teilen

Videos, die Ihnen gefallen, können Sie auch Anderen empfehlen oder vorschlagen, indem Sie die Videos mit anderen Nutzern teilen.

Teilen in sozialen Medien

Wenn Sie ein Video in einem sozialen Netzwerk teilen möchten, klicken Sie einfach auf die Schaltfläche ➤ Teilen , die sich gleich unterhalb des Videoplayers befindet. Daraufhin öffnet sich ein bislang ausgeblendeter Menübereich, in dem Ihnen verschiedene Möglichkeiten zum Teilen des Videos angezeigt werden.

Wenn Sie die URL des betreffenden Videos, in unserem Beispiel die Internetadresse *https://youtu.be/xMID4n2hNY8* kopieren, können Sie also den direkten Link zum Video in anderen sozialen Netzwerken einfügen. Klickt ein Nutzer dann auf diesen Link, wird er zu YouTube weitergeleitet und gelangt zum betreffenden Video.

Die kleinen, quadratischen Bildchen zeigen verschiedenste soziale Netzwerke, in denen Sie Ihre Videos aus YouTube heraus teilen können. Sollten Sie beispielsweise bereits bei Facebook einen Account haben, klicken Sie auf das entsprechende Symbol und Sie können das Video auf Facebook posten.

Tipp: Wenn Sie möchten, dass ein Nutzer das Video ab einer bestimmten Stelle ansieht, dann geht das so: Setzen Sie vor *Start* ein Häkchen und geben Sie dann die Startzeit des Videos ein. Im nachfolgenden Beispiel wird das Video automatisch ab der Stelle 1 Minute und 43 Sekunden abgespielt.

Teilen per E-Mail
YouTube ermöglicht aber auch das direkte Teilen von Videos via E-Mail. Wenn Sie auf *E-Mail* klicken, öffnet sich ein Fenster, in dem Sie Ihre E-Mailnachricht direkt versenden können.

Unter *An* ❶ geben Sie die E-Mailadresse des Empfängers ein. Im Feld *Optionale Nachricht* ❷ darunter können Sie eine zusätzliche Nachricht an den Empfänger eingeben. Unter *Vorschau* ❸ sehen Sie, wie die E-Mail Nachricht aussehen wird.

Mit einem Klick auf die Schaltfläche E-Mail senden schicken Sie die Empfehlungsmail an den eingegebenen Adressaten.

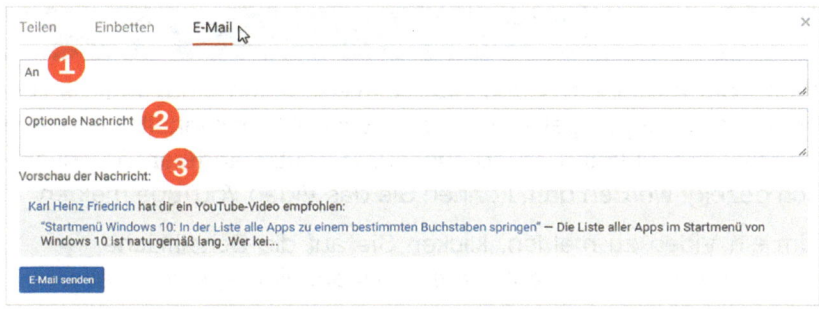

Videos einbetten

Wenn man ein YouTube-Video zum Beispiel auf der eigenen Webseite oder aber in einem Präsentationsprogramm einbetten möchte,
funktioniert das über den Menüpunkt *Einbetten*.

YouTube erzeugt einen sogenannten Einbettungscode, den Sie
komplett markieren und dann auf Ihrer Webseite oder in Ihre Prä-
sentationsfolie einbinden können. Über *Mehr Anzeigen* erhalten Sie
die Möglichkeit weiterer Einstellungen wie z.B. Videogröße.

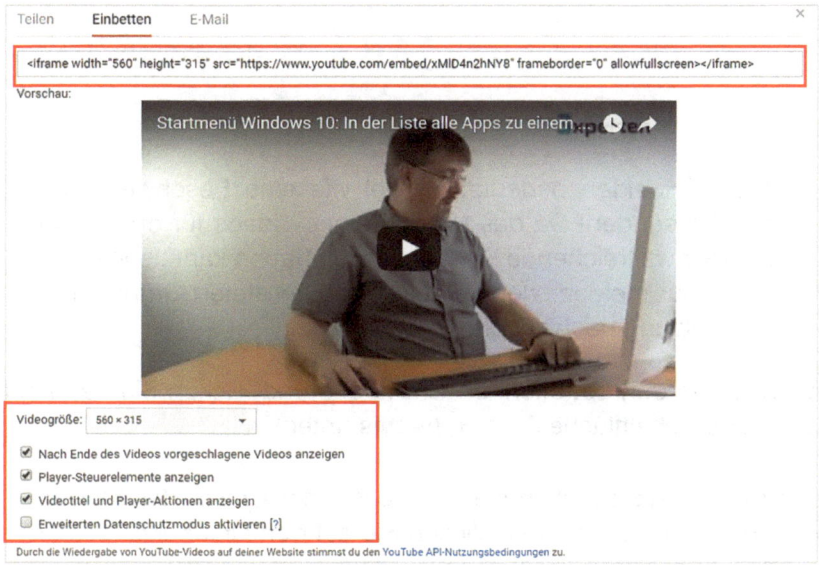

4.5 Melden von Inhalten

Wenn Sie mit einem Video nicht einverstanden sind, weil es beispielsweise gegen geltendes Recht verstößt, der Inhalt aus einem anderen berechtigten Grund oder zum Schutze anderer nicht öffentlich gezeigt werden darf, können Sie das Video YouTube melden.

Um ein Video zu melden, klicken Sie auf die Schaltfläche ••• Mehr rechts neben *Teilen*. Wählen Sie den Menüeintrag *Melden* aus.

Ihnen wird nun eine Auswahl an möglichen Gründen vorgegeben, weswegen Sie das Video an YouTube melden möchten.

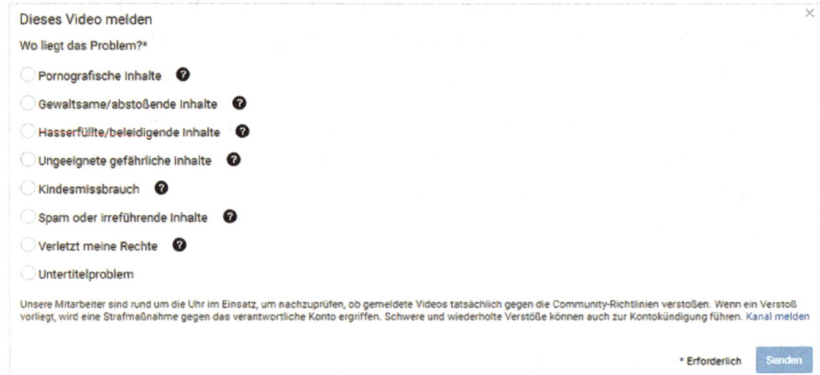

Wichtig! Melden bedeutet so viel wie eine Beschwerde an YouTube senden! Da das Melden eines Videos für den Kanalbetreiber weitreichende Konsequenzen haben kann, sollten Sie Videos nur melden, wenn einer der aufgelisteten Gründe Ihrer Einschätzung nach zutrifft.

Wählen Sie den betreffenden Grund aus und klicken Sie dann auf die blaue Schaltfläche *Senden* (rechts unten).

Tipp: Wenn Sie nicht nur ein Video, sondern gleich den ganzen Kanal melden möchten, klicken Sie auf den Link *Kanal melden* (direkt über der Schaltfläche *Senden*).

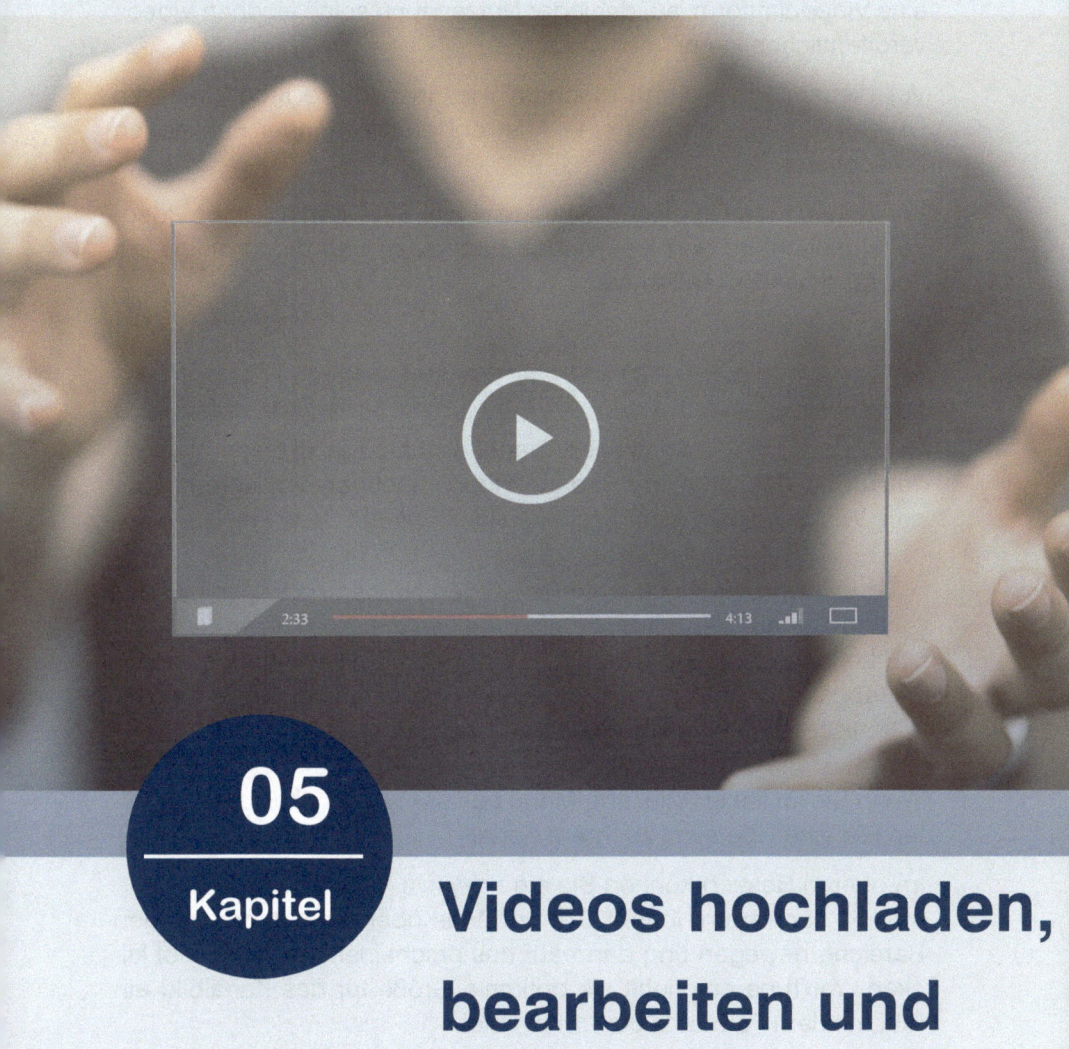

05

———

Kapitel

Videos hochladen, bearbeiten und freigeben

YouTube ist, wie bereits in den vorherigen Kapiteln beschrieben, eine Videoplattform, auf der jeder Nutzer auch seine eigenen Videos veröffentlichen kann.

Vor diesem Hintergrund möchten wir Ihnen diese Möglichkeit im Überblick vorstellen und eine Auswahl grundlegender Funktionen präsentieren.

Wir zeigen Ihnen in diesem Abschnitt, wie Sie einen eigenen Video-kanal einrichten, dort Ihre Videos hochladen und direkt online auf YouTube bearbeiten können.

5.1   Eigenen Kanal einrichten

Um Videos zu veröffentlichen, benötigt man zuerst einen eigenen YouTube-Videokanal, in den dann Videos hochgeladen werden kön-nen. Wie Sie diesen einrichten, schildern wir auf Seite 48.

> **Tipp:** Wenn Ihr Kanal einen sonstigen Namen haben soll, kli-cken Sie auf den Link *Unternehmensname / sonstiger Name*. Bitte beachten Sie hier, dass die Nutzungsbedingungen für Google+ akzeptiert werden müssen, da mit Ihrem Kanal auto-matisch auch eine Google+ Seite verbunden ist.

Wenn Sie im linken YouTube-Menü auf *Mein Kanal* ❶ klicken, erhal-ten Sie eine Übersicht zu Ihrem Kanal.

Im oberen Bereich können Sie ein *Profilbild* ❷ und auch ein *Kanal-bild* ❸ hochladen, indem Sie die Maus über die entsprechenden Bereiche bewegen und dann auf das erscheinende Stiftsymbol kli-cken. YouTube empfiehlt als optimale Größe für das Kanalbild ein Bild mit dem Format 2560 x 1440 Pixel.

Unter *Kanalbeschreibung und erforderliche Anbieterinformationen* ❹ wird eine kurze und prägnante Beschreibung eingegeben, was die Besucher auf diesem Kanal erwartet. Dieser Beschreibungstext erscheint dann im fertiggestellten Kanal auch unter dem Bereich *Ka-nalinfo*.

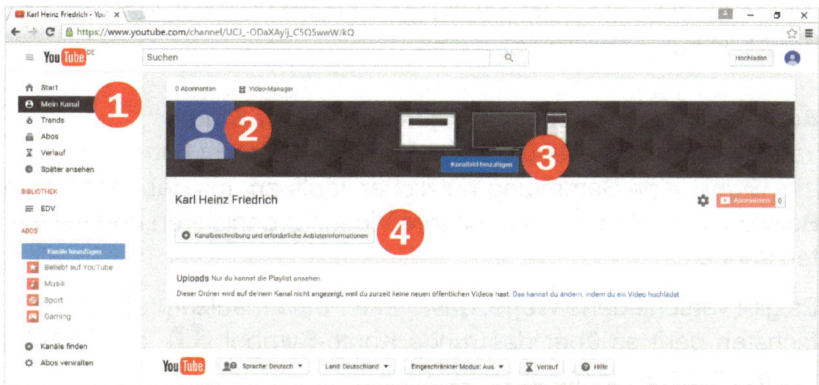

> **Wichtig!** Wenn Sie Bilder z. B. als Profilbild oder Kanalbild auf YouTube hochladen: Achten Sie darauf, dass Sie keine Urheberrechte oder andere Rechte Dritter bzw. geltendes Recht verletzen.

5.2   Ausgewählte Kanaleinstellungen

Über das kleine Zahnradsymbol ⚙️ 📹 Abonniert 0 im rechten Bereich gelangen Sie zu den wichtigsten Kanaleinstellungen. In dem sich öffnenden Dialogfeld können Sie Einstellungen zum Datenschutz vornehmen:

Wir empfehlen, die Voreinstellungen hinsichtlich der Playlists und der Abos auf „*Privat*" zu belassen.

Ausgewählte Kanaleinstellungen im Creator Studio

YouTube bietet für alle, die einen Kanal eingerichtet haben, mit *Creator Studio* eine Sammlung nützlicher Tools an, mit denen Sie zum Beispiel Ihren Kanal und auch Ihre Videos organisieren und verwalten können.

Es gibt verschiedene Wege, das *Creator Studio* aufzurufen – am einfachsten geht es über das runde Konto-Symbol 🟣, das sich im Browserfenster rechts oben befindet.

Mit einem Klick auf dieses runde Konto-Symbol wird Ihnen die Schaltfläche *Creator Studio* angeboten. Klicken Sie darauf, dann wechselt YouTube in das *Creator Studio*.

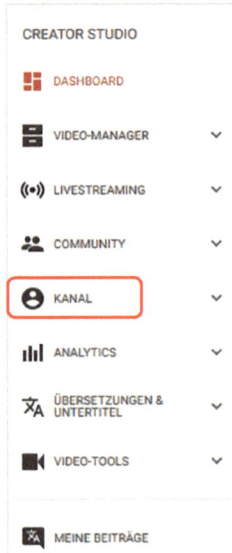

In der linken Navigationsleiste erhalten Sie nun eine Vielzahl neuer Menüpunkte, von denen uns im Hinblick auf die Kanaleinstellungen vor allem der Menüpunkt *KANAL* interessiert.

YouTube-Konto bestätigen für längere Videos

Standardmäßig kann man auf YouTube Videos mit einer Länge von 15 Minuten hochladen. Dies reicht in vielen Fällen auch völlig aus. Wenn Sie allerdings Videos mit einer längeren Spieldauer veröffentlichen möchten, müssen Sie zuvor Ihr YouTube-Konto bestätigen. Klicken Sie hierzu im *Creator Studio*, beim Navigationspunkt *KANAL - Status und Funktionen* ❶ auf die blaue Schaltfläche Bestätigen ❷.

> **Tipp:** Sie können alternativ auch im Webbrowser die Internetadresse *https://www.youtube.com/verify* aufrufen.

Dort können Sie Ihre Telefonnummer angeben. Sie erhalten dann entweder per Anruf oder SMS einen Bestätigungscode.

Standardvoreinstellungen für Video-Uploads

Wenn Sie beabsichtigen, mehrere Videos auf YouTube hochzuladen, macht es durchaus Sinn, ein paar Voreinstellungen für die künftigen Video-Uploads vorzunehmen. Klicken Sie hierzu im *Creator Studio* in der linken Navigationsleiste auf den Menüpunkt *Standardeinstellungen für Uploads*.

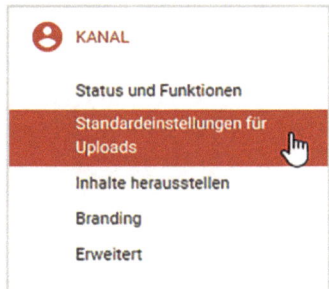

Folgende Einstellungen sollten Sie sich etwas genauer ansehen:

Datenschutz	Wenn Sie Ihre Videos also nicht komplett öffentlich zeigen möchten, sollten Sie am besten die Einstellung „Privat" wählen.
Kategorie	YouTube bietet Ihnen verschiedene vordefinierte Kategorien an. Wählen Sie die Kategorie, die inhaltlich am besten zu Ihren Videos passt.
Lizenz	Hier haben Sie die Wahl zwischen der Standard YouTube-Lizenz und der Lizenz Creative-Commons – Namensnennung Mit letzterer können Sie anderen Personen Nutzungsrechte einräumen.
Titel bzw. Beschreibung	Hier können Sie einen vordefinierten Standardtitel bzw. eine Standardbeschreibung für Ihre Videos angeben.
Kommentare und Bewertungen	Hier können Sie festlegen, ob andere Nutzer Kommentare unter Ihre Videos schreiben und ob sie ggf. Bewertungen abgeben dürfen.
Videosprache	Hier geben Sie die Sprache Ihrer Videos an.
Videostatistik	Mit dieser Option können Sie festlegen, ob die Videowiedergabestatsistik für andere Nutzer angezeigt werden soll.

5.3   Videos hochladen und veröffentlichen

Das Hochladen von Videos auf YouTube geht relativ einfach. Mit einem Klick auf die Schaltfläche `Hochladen` direkt neben dem runden Konto-Symbol 🔵 können Sie Ihr Video in Ihren Kanal hochladen.

Ziehen Sie entweder die betreffende Videodatei mittels Drag&Drop in den Uploadbereich ❶ oder klicken Sie direkt auf das grau-weiße Pfeilsymbol in der Mitte ❷, um die Datei auszuwählen.

> **Bitte beachten Sie:** YouTube weist an dieser Stelle ausdrücklich darauf hin, dass Sie mit dem Hochladen des Videos die Nutzungsbedingungen von YouTube und die Community-Richtlinien akzeptieren und dass Sie darauf achten sollen, die Urheber- und Datenschutzrechte anderer nicht zu verletzen.

Da YouTube dies sehr ernst nimmt, wird im Creator Studio unter dem Menüpunkt *KANAL / Status und Funktionen* ❶ eine aktuelle *Status-Übersicht* ❷ angezeigt, an der man erkennt, ob Verwarnungen wegen Verstößen gegen das Urheberrecht oder die Community-Richtlinien vorliegen.

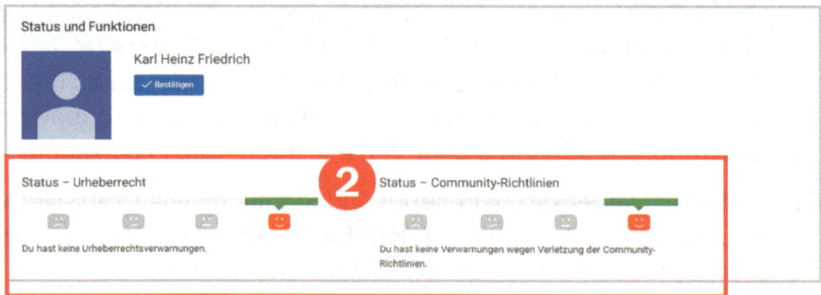

> **Tipp:** Wenn Sie sich in Sachen Urheberrecht oder evtl. wegen anderer möglicher Rechtsverletzungen auf YouTube unsicher sind, sollten Sie sich unbedingt von einem Rechtsanwalt beraten lassen.

Direkt nachdem das Video auf YouTube hochgeladen wurde, können unter *Allgemeine Informationen* ❶ die wichtigsten Einstellungen vorgenommen werden:

- Ein aussagekräftiger Titel ❷ für das Video

- Eine kurze Beschreibung ❸, was in dem Video gezeigt wird

- Sichtbarkeitseinstellung ❹: In unserem Beispiel soll das Video „Privat", also nicht öffentlich zu sehen sein.

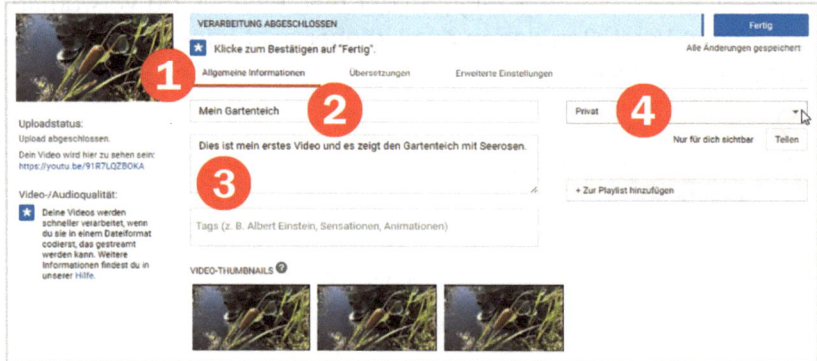

Unter *Erweiterte Einstellungen* ❶ können Sie zusätzlich folgende Einstellungen vornehmen, die in den Standardvoreinstellungen bereits vorgestellt wurden. Wie zum Beispiel, ob Sie Kommentare zulassen wollen, ob Bewertungen abgegeben werden sollen oder zu welcher Kategorie das Video gehört etc.

Nachdem alle Einstellungen für dieses Video vorgenommen wurden, schließen Sie den Prozess mit einem Klick auf die Schaltfläche *Fertig* ❷ ab.

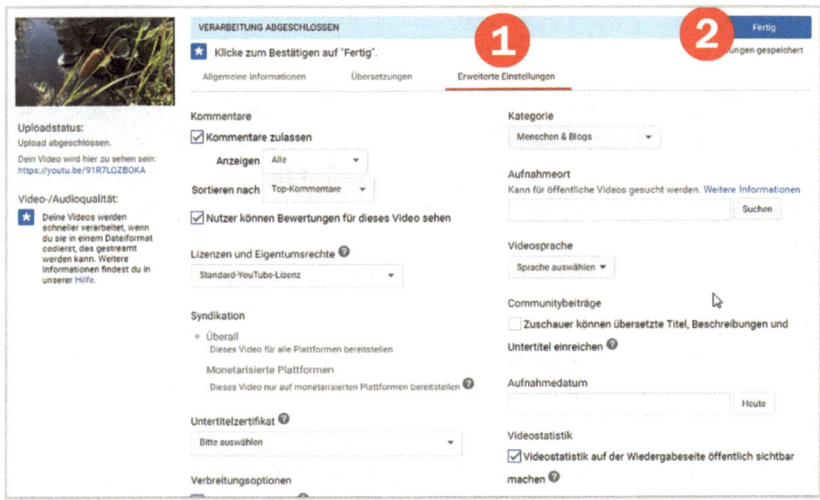

Das Video erscheint nun innerhalb des *Creator Studios* im *Video-Manager*.

Sie können die Einstellungen zu jedem Video auch nachträglich ändern. Gehen Sie hierzu im *Creator Studio* auf den Menüpunkt *Video-Manager* und klicken Sie auf das kleine Pfeilsymbol [Bearbeiten ▼] rechts neben dem Video, dessen Einstellungen Sie ändern wollen. Wählen Sie hier den Menübefehl *Infos & Einstellungen* aus.

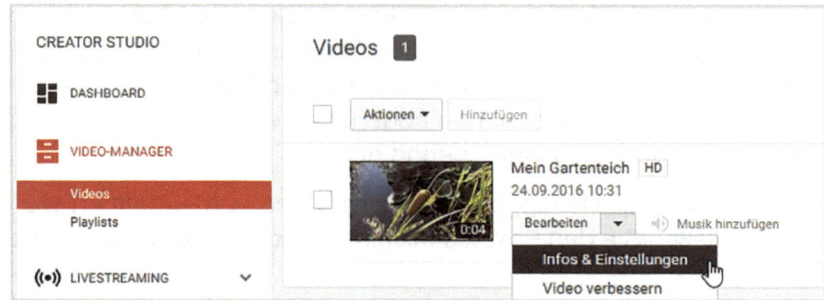

5.4   Videos im Video-Manager bearbeiten

Die Bearbeitungsmöglichkeiten im Video-Manager bieten auch für Einsteiger einige interessante Möglichkeiten, die wir Ihnen im folgenden Abschnitt vorstellen werden.

Videos verbessern
Klicken Sie im Video-Manager wieder auf das kleine Pfeilsymbol rechts neben dem Video [Bearbeiten ▼] und wählen Sie den Eintrag *Video verbessern* aus.

YouTube zeigt nun Ihr Video mit einem zusätzlichen Vorschaufenster ❶ an, damit Sie jede Änderung sofort sehen und ggf. rückgängig machen können. An der roten Linie ❷ in der Navigationsleiste oben erkennen Sie, dass Sie sich aktuell im Bereich *Video verbessern* befinden.

Zwei Schaltflächen sind hier besonders wichtig. Mit dem Befehl *Original wiederherstellen* ❸ setzen Sie Ihr Video wieder in den Originalzustand zurück. Die Schaltfläche *Als neues Video speichern* ❹ ermöglicht Ihnen eine Kopie des Originals zu erstellen.

Unter *Schnellkorrektur* ❺ im rechten Bereich bietet Ihnen YouTube diverse Optimierungsmöglichkeiten hinsichtlich Bildkorrektur, Helligkeit, Kontrast oder Sättigung an. Diese Einstellungen nehmen Sie über die jeweiligen Schieberegler vor.

Auch hinsichtlich der Wiedergabegeschwindigkeit (Zeitlupe oder Zeitraffer) bietet YouTube stufenweise Anpassungsmöglichkeiten an. Klicken Sie hierzu auf die jeweiligen Schaltflächen ❻.

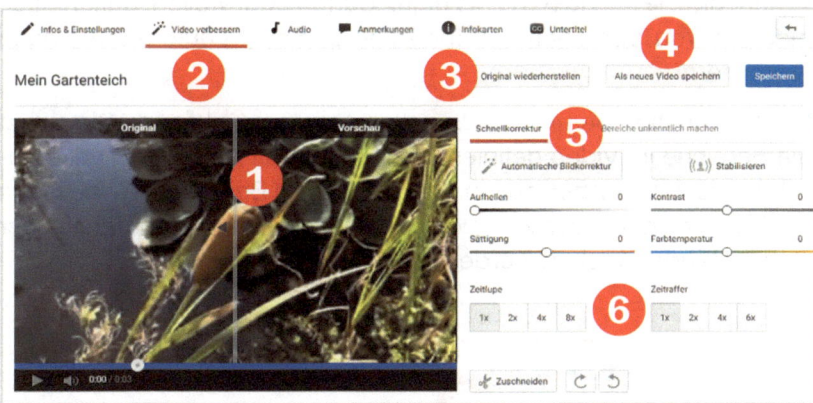

Rechts neben *Schnellkorrektur* befindet sich das Untermenü *Filter*. YouTube bietet Ihnen eine Reihe von vordefinierten Filtern an, die Sie per Mausklick Ihrem Video zuweisen können, um ihm ein anderes Aussehen zu verleihen.

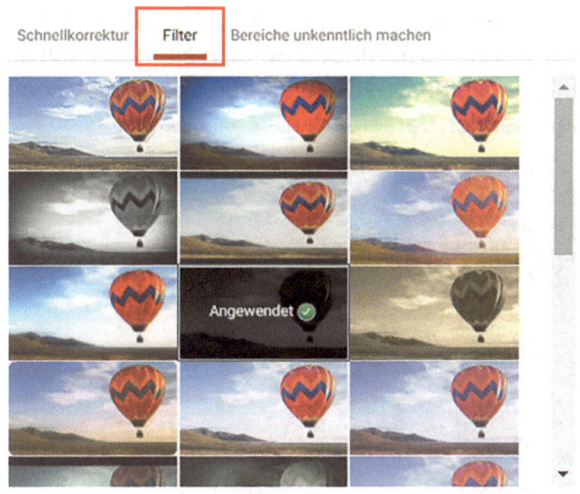

Mit dem Untermenü *Bereiche unkenntlich machen* ❶ bietet Ihnen YouTube zwei hochinteressante Funktionen an. Mit *Gesichter unkenntlich machen* ❷ können Sie beispielsweise Gesichter von Personen, die Sie im Video nicht zeigen dürfen oder wollen, unkenntlich machen. YouTube analysiert Ihr Video und sucht automatisch nach Gesichtern.

Mit der Funktion *Bereiche unkenntlich machen* ❸ können Sie selbst die Bereiche im Video definieren, die „verpixelt" und damit unkenntlich dargestellt werden sollen. Dies kann zum Beispiel bei Videos mit Kfz-Kennzeichen oder von nichtöffentlichen Orten, Gebäuden oder Gegenständen wichtig werden.

Um einen Bereich im Video unkenntlich zu machen, ziehen Sie mit der Maus genau über den zu verpixelnden Bereich ein Rechteck auf. Mit den Anfassern (kleine weiße Quadrate an den Ecken des Rechtecks) können Sie den Bereich verschieben.

Audio austauschen

YouTube bietet Ihnen die Möglichkeit, Audio-Tracks zu Ihrem Video hinzuzufügen.

Rufen Sie im *Video-Manager*, über den Pfeil neben der Schaltfläche *Bearbeiten*, den Befehl *Audio* ausf.

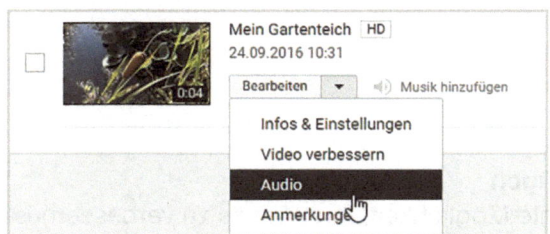

An der roten Linie oben erkennen Sie, dass Sie sich nun im Untermenü *Audio* befinden. Auf der rechten Seite werden Ihnen nun die von YouTube angebotenen Audiotracks aus einer Bibliothek mit lizenzierten Titeln angezeigt.

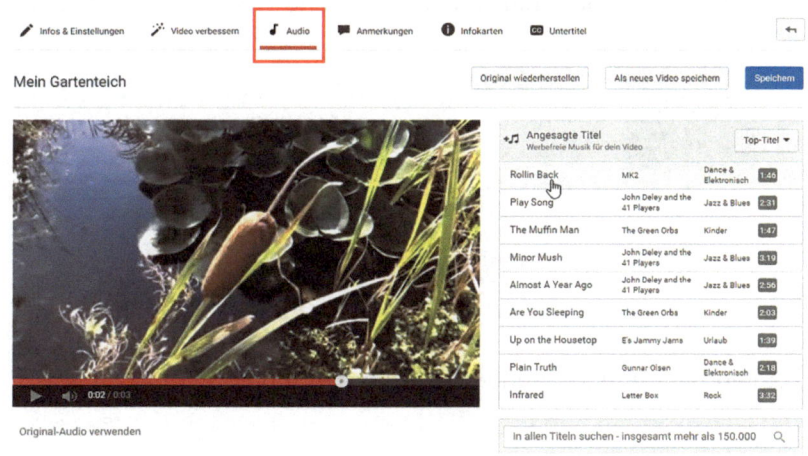

Wenn Sie einen für Ihr Video passsenden Titel gefunden haben, klicken Sie auf *Speichern*, um ihn dem Video hinzuzufügen. Dieser Vorgang dauert gewöhnlich ein paar Minuten.

Über die Schaltfläche *Audio anpassen* ❶ können Sie die exakte Audioposition und auch die Länge des hinzugefügten Songs anpassen. Mit dem Schieberegler ❷ links neben „Audio anpassen" können Sie zudem festlegen, wie laut das Hintergrundaudio im Video im Verhältnis zum Originalaudio zu hören sein soll.

Anmerkungen hinzufügen

Eine weitere interessante Möglichkeit, Ihre Videos zu verbessern ist sogenannte Anmerkungen hinzuzufügen.

Mit Anmerkungen können Sie beispielsweise Text oder Sprechblasen auf Ihr Video legen, die dann zu einer von Ihnen bestimmten Zeit angezeigt werden.

Um eine Anmerkung einzufügen, rufen Sie wieder im Video-Manager, über den Pfeil neben der Schaltfläche *Bearbeiten*, den Befehl *Anmerkungen* auf.

Wählen Sie dann im rechten Bereich die Schaltfläche *+ Anmerkungen hinzufügen*.

YouTube bietet Ihnen aktuell folgende Typen von Anmerkungen an:

Sprechblase	Hiermit können Sie eine Sprechblase mit eigenem Text erstellen.
Hinweis	Hiermit können Sie ein Fenster mit einem Texthinweis erstellen.
Titel	Hiermit können Sie einen Video-Titel als Text-Overlay erstellen.
Spotlight	Hiermit können Sie wichtige Bereiche im Video kennzeichnen. Wenn andere Nutzer mit der Maus über diesen Bereich fahren, wird der von Ihnen definierte Text angezeigt.
Label	Hiermit können Sie einen bestimmten Teil eines Videos markieren und mit einem Etikett (Label) versehen.

Alle Anmerkungstypen lassen sich hinsichtlich Schriftgröße, Farbe und Position anpassen. Allerdings sollten Sie Formatierungen mit Bedacht einsetzen, um nicht vom eigentlichen Video abzulenken.

Über die beiden Zeitfenster *Von* und *Ende* können Sie festlegen, an welcher exakten Zeit-Position die Anmerkung eingeblendet und dann wieder ausgeblendet werden soll.

Wenn Sie eine Anmerkung löschen wollen, klicken Sie auf das 🗑 -Symbol.

> **Tipp:** Anmerkungen erlauben auch, dass Sie weiterführende Links, zum Beispiel zu anderen Videos, einfügen. Haken Sie hierzu das Kontrollkästchen „Link" an und geben Sie in dem Eingabefeld die entsprechende Internetadresse (URL) ein.

Infokarten hinzufügen

Mit *Infokarten* bietet Ihnen YouTube für Ihre Videos eine interessante Möglichkeit an, um mit Ihren Nutzern zu interagieren. So können Sie beispielsweise in Ihr Video eine einfache Multiple-Choice-Abstimmung einbauen.

Um eine *Infokarte* einzufügen, rufen Sie wieder im *Video-Manager*, über den Pfeil neben der Schaltfläche *Bearbeiten*, den Befehl *Infokarten* auf.

Aktuell werden folgende vier Typen von Infokarten angeboten:

Video oder Playlist	Hiermit können Sie einen Verweis auf ein anderes Video oder eine Playlist erstellen.
Kanal	Hiermit können Sie einen anderen interessanten Kanal vorstellen.
Abstimmung	Hiermit können Sie eine einfache Multiple-Choice Abstimmung einbauen, an der die Nutzer teilnehmen können.
Link	Hiermit können Sie einen Link zu einer genehmigten Website erstellen.

Den Umgang mit Infokarten möchten wir anhand des Beispiels einer einfachen Multiple-Choice-Abstimmung illustrieren:

Klicken Sie auf die Schaltfläche *Karte hinzufügen* und wählen Sie dann *Abstimmung* aus.

Geben Sie dann die Frage ❶ und die Antwortmöglichkeiten ❷ ein und schließen Sie die Eingabe mit einem Klick auf *Infokarte erstellen* ❸ ab.

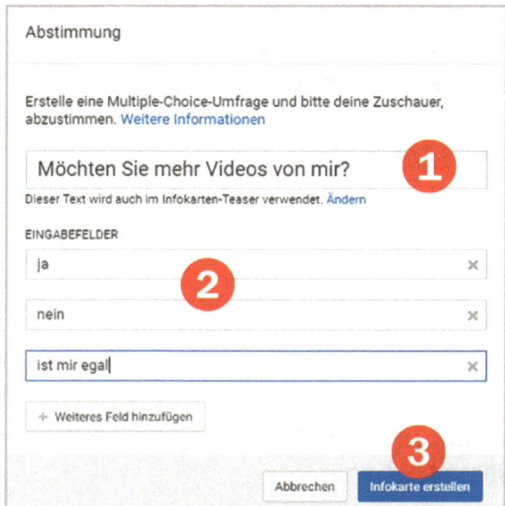

Der Nutzer sieht beim Ansehen des Videos dann rechts oben im Videoplayer die fertige Abstimmung.

> **Tipp:** Wenn ein Nutzer auf eine Anmerkung in Ihrem Video klickt, wird das Video solange angehalten.

Die *Umfrageergebnisse* können Sie im Untermenü *Infokarten* über die kleine Statistikschaltfläche rechts einsehen.

Mit der Balkendiagrammansicht erkennen Sie sofort, wie Ihre Besucher bei Ihrer Frage abgestimmt haben.

Videos löschen

Ein Video löschen Sie, indem Sie im *Video-Manager* über den Pfeil neben der Schaltfläche *Bearbeiten* den Befehl *Löschen* auswählen.

YouTube weist in einer Sicherheitswarnung nochmals darauf hin, dass das Video endgültig gelöscht wird. Bestätigen Sie dies, wird das Video von YouTube gelöscht.

Wenn Sie gleich mehrere Videos auf einmal löschen möchten, haken Sie im Video-Manager die entsprechenden Kontrollkästchen ❶ vor den zu löschenden Videos an und wählen dann in der Schaltfläche *Aktionen* ❷ den Befehl *Löschen* ❸.

Auch in diesem Fall müssen Sie die Sicherheitswarnung bestätigen, damit die Videos endgültig gelöscht werden.

5.5 Ausblick: Video-Tools für Fortgeschrittene

Wenn Sie in der Zukunft noch mehr mit Videos auf YouTube experimentieren wollen, sollten Sie sich die beiden Video-Tools ansehen. Zum einen die *Audio-Bibliothek* (YouTube Library) und zum anderen den *Video-Editor*.

Audio-Bibliothek

YouTube bietet seinen Nutzern mit der *Audio-Bibliothek* eine große Vielzahl kostenloser Musik und Soundeffekte sowie werbeunterstützte Musik an, die man herunterladen kann, um sie für eigene YouTube-Videoprojekte zu nutzen.

> **Wichtig:** Bitte beachten Sie, dass Sie diese heruntergeladene Musik nur für YouTube-Videoprojekte nutzen dürfen.

In einem Videobearbeitungsprogramm Ihrer Wahl können Sie diese Audio-Datei dann dem Video hinzufügen und das fertige Video dann auf YouTube veröffentlichen.

Die *Audio-Bibliothek* erreichen Sie im *Creator-Studio* über den Menüpunkt *Video-Tools*.

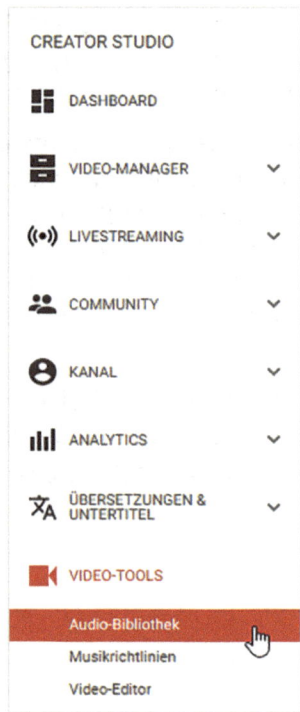

Die *Audio-Bibliothek* ist sehr übersichtlich aufgebaut, da sie lediglich zwei Register ❶ (*Musik* und *Soundeffekte*) sowie ein Eingabefeld für die Suche ❷ enthält. Besonders komfortabel sind die *Filtermöglichkeiten* ❸ (kleine Pfeile), anhand derer man beispielsweise nach bestimmten Kriterien, wie Genre, Instrument etc. filtern kann.

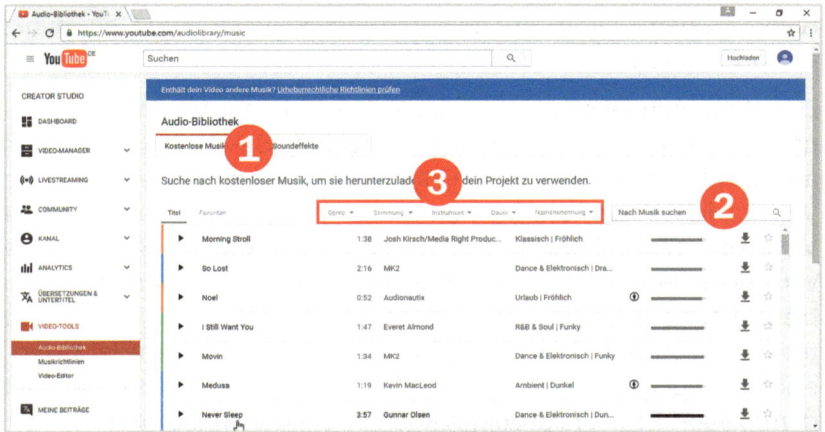

Um zu sehen, unter welchen Lizenzbedingungen Sie die Musik für Ihr YouTube-Videoprojekt nutzen dürfen, klicken Sie auf das kleine Pfeilsymbol ▶ ganz links vor dem Sie interessierenden Titel.

Gleich unterhalb wird Ihnen dann angezeigt, was Sie für die Nutzung zu beachten haben.

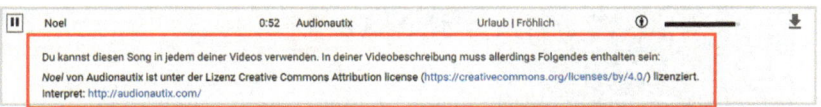

Wenn Sie eine für Ihr Projekt passende Musik gefunden haben, können Sie diese über den Downloadpfeil ⬇ rechts herunterladen.

Video-Editor

Beim YouTube Video-Editor handelt es sich um einen einfach zu bedienenden Online-Editor, der es ermöglicht, Videos gleich direkt auf YouTube zu bearbeiten. Nachfolgend zeigen wir Ihnen die wichtigsten Funktionen.

Rufen Sie den *Video-Editor* im *Creator-Studio* unter dem Menüpunkt *Video-Tools* auf.

Das Programmfenster des Video-Editors ist sehr übersichtlich gehalten. Im Untermenü 🎞 werden im rechten Bereich ❶ alle Videos angezeigt, die bereits auf YouTube hochgeladen wurden. Einzelne Videos dieser Auswahl können Sie dann per Drag&Drop auf die Videospur (Zeitachse) ❷ ziehen. Hierdurch können Sie mehrere verschiedene Videos zu einem neuen Video zusammenfügen. Die blaue Positionsanzeige ❸, die Sie mit der Maus nach links und rechts verschieben können, zeigt Ihnen jeweils die aktuelle Zeitposition im Video. Mit einem Klick auf das kleine „*Scherensymbol*" auf dem blauen Positionsanzeiger können Sie das Video exakt an der gewünschten Stelle teilen.

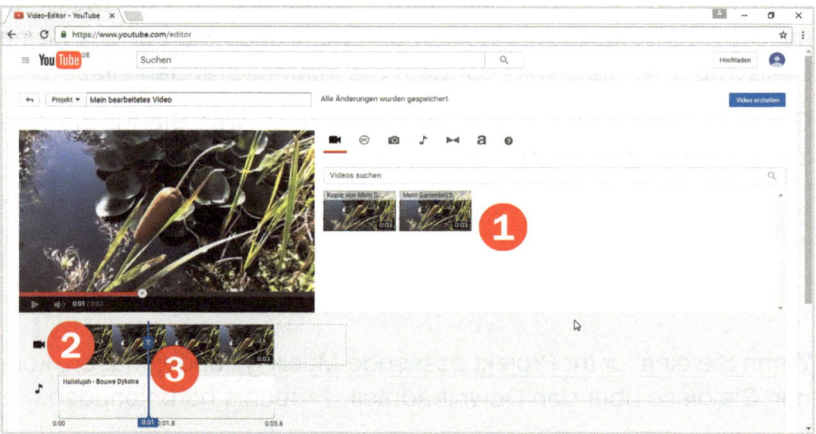

Um Ihrem Video zum Beispiel als Trennung zwischen zwei Videos ein Standbild hinzuzufügen, klicken Sie auf das Untermenü mit dem Foto-Symbol 🖻 .

Laden Sie im ersten Schritt die gewünschten Fotos auf YouTube hoch und ziehen Sie diese dann per Drag&Drop auf die Videospur (Zeitachse) an die gewünschte Stelle. Gegebenenfalls müssen Sie das Video an der betreffenden Stelle teilen (Scherensymbol), um das Bild an der Position einfügen zu können.

Im Bereich Übergänge ⋈ bietet Ihnen der Video-Editor eine Vielzahl von vordefinierten Übergängen für den Wechsel zwischen zwei Videos an.

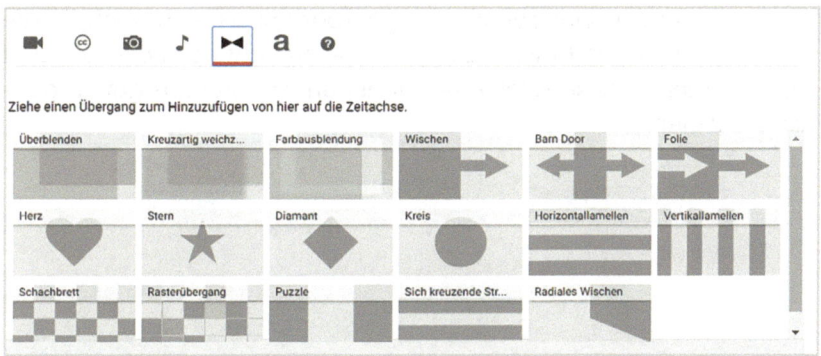

Wählen Sie den gewünschten Übergang und ziehen Sie diesen dann auf die Videospur.

> **Tipp:** Bitte beachten Sie, dass Bilder und auch Übergänge in der Videospur (Zeitachse) immer nur am Anfang oder am Ende eines Videos platziert werden können. Gegebenenfalls müssen Sie ein Video an einer bestimmten Stelle teilen, um genau dort ein Bild oder einen Übergang einfügen zu können.

Wenn Sie Ihrem Video einen Text oder Titel hinzufügen möchten, klicken Sie auf das Symbol **a** , wählen Sie eines der vordefinierten

Layouts und ziehen dies an die gewünschte Stelle auf der Videospur (Zeitachse).

Für den Umgang mit den Sounds aus der YouTube Musik-Bibliothek in separaten Videobearbeitungsprogrammen und auch für die Nutzung des Video-Editors auf YouTube braucht es etwas Zeit und Übung. Aber es lassen sich erfahrungsgemäß durchaus gute Ergebnisse erzielen.

Kapitel 06

YouTube Inhalte und Google-Konto löschen

Am Anfang dieses Buches haben wir Ihnen gezeigt, wie Sie einen Google-Account anlegen und den YouTube-Dienst einrichten. Der Vollständigkeit halber möchten wir Ihnen deshalb in diesem Kapitel Schritt für Schritt zeigen, wie Sie Ihre Inhalte aus YouTube entfernen oder auch Ihr Google-Konto komplett löschen können.

Da YouTube, wie Sie bereits wissen, ein Dienst von Google ist, werden alle wesentlichen Änderungen im zentralen Google-Konto vorgenommen. Um am schnellsten zu Ihrem Google-Konto zu gelangen, rufen Sie folgende Internetadresse auf: *https://myaccount.google.com/*.

Alternativ können Sie auf der Webseite von Google (*www.google. de*) auf das runde Konto-Symbol ❶ und dann auf die blaue Schaltfläche *Mein Konto* ❷ klicken. Eventuell müssen Sie sich noch mit Ihren Benutzerdaten einloggen, falls Sie ausgeloggt sind.

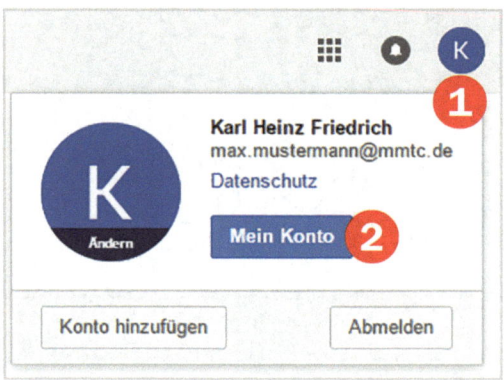

Im nächsten Schritt wählen Sie in Ihrer Google-Kontoübersicht im Bereich *Kontoeinstellungen* ❶ den Befehl *Konto oder Dienste löschen* ❷ aus.

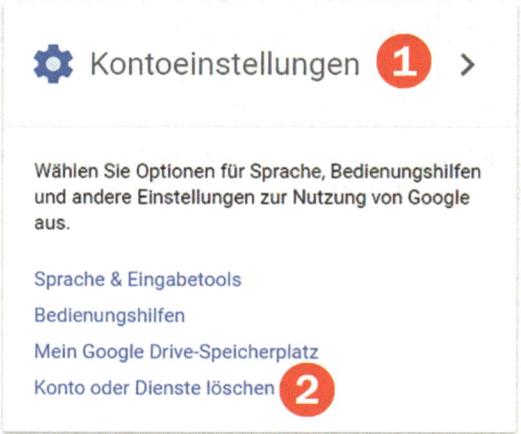

Google bietet Ihnen nun folgende zwei Möglichkeiten an:

- **Produkte bzw. Dienste**, wie zum Beispiel YouTube, zu löschen

- **Google-Konto** und Google-Daten zu löschen.

Um Ihnen beide Varianten zeigen zu können, löschen wir zuerst nur unsere YouTube-Inhalte und anschließend auch das Google-Konto.

> **Hinweis:** Wenn Sie Ihr Google-Konto löschen, werden damit automatisch auch alle damit verbundenen Google-Dienste, also auch Ihr YouTube-Kanal und sämtliche Daten, ebenfalls gelöscht!

6.1 YouTube-Inhalte löschen

Wählen Sie, wie oben beschrieben, in Ihrem Google-Konto unter *Kontoeinstellungen* den Befehl *Konto oder Dienste löschen*.

Da lediglich unser YouTube-Dienst gelöscht werden soll, wählen wir im nachfolgenden Dialogfenster die Option *Produkte löschen*.

Aus Sicherheitsgründen bittet Sie Google nochmals um die erneute Eingabe Ihres Passwortes.

Nach dem erfolgreichen Einloggen zeigt Ihnen Google, welche Google-Dienste Sie aus Ihrem Konto entfernen können ❶.

Klicken Sie im nächsten Schritt auf das kleine *Papierkorb-Symbol* ❷ rechts neben dem aufgelisteten Eintrag YouTube.

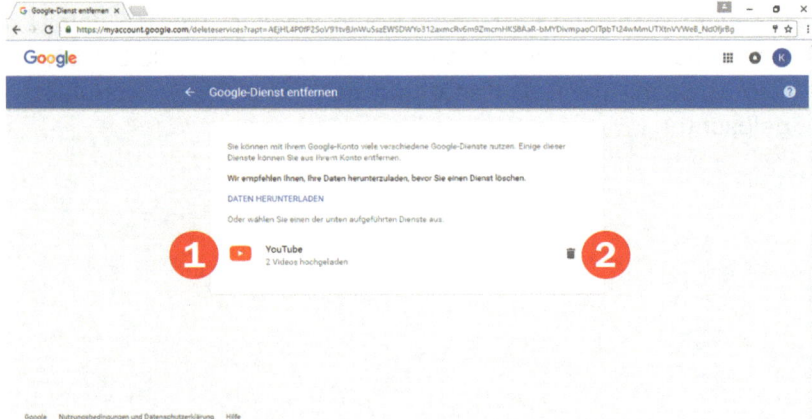

Google bietet Ihnen nun zwei abgestufte Möglichkeiten an:

- Den YouTube-Kanal nur (vorübergehend) ausblenden,
- Die YouTube-Inhalte endgültig löschen.

Tipp: Bevor Sie den YouTube-Dienst löschen, sollten Sie Ihre Daten (Videos, Playlists etc.) herunterladen.

Vorübergehendes Ausblenden des YouTube-Kanals

Beim vorübergehenden Ausblenden des Kanals werden alle Aktivitäten auf YouTube solange auf „Privat" gesetzt, bis der Kanal wieder aktiviert wird. Solange sind Ihre YouTube-Inhalte und Aktivitäten damit für andere Nutzer nicht sichtbar.

Allerdings werden Ihre eigenen Kommentare zu YouTube-Videos anderer Nutzer endgültig gelöscht ❶.

Wenn Sie also Ihren YouTube-Kanal nur vorübergehend ausblenden und später wieder aktivieren wollen, haken Sie alle Kästchen an und bestätigen dies mit einem Klick auf die blaue Schaltfläche *Kanal ausblenden* ❷.

YouTube-Inhalte endgültig löschen

Durch das Löschen werden sämtliche YouTube-Daten, die Ihrem Google-Konto zugeordnet sind, endgültig und unwiederbringlich entfernt.

Wenn Sie Ihre Inhalte auf YouTube endgültig löschen wollen, haken Sie das Kästchen ❶ an und bestätigen diesen Schritt mit einem Klick auf die Schaltfläche *Meine Inhalte löschen* ❷.

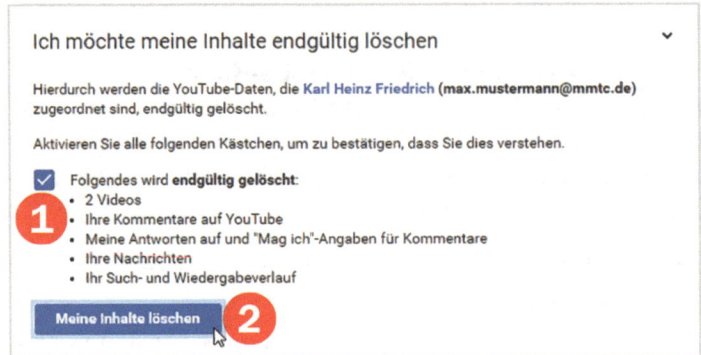

Da das Löschen der YouTube-Daten endgültig ist, sichert Google diesen Schritt nochmals mit einer Sicherheitsabfrage ab.

Geben Sie Ihre E-Mailadresse in das Eingabefeld ❶ ein und bestätigen Sie Ihre Eingabe mit einem Klick auf die blaue Schaltfläche *Meine Inhalte löschen* ❷.

Wenn das Löschen Ihrer YouTube-Daten erfolgreich war, erhalten Sie folgende Meldung:

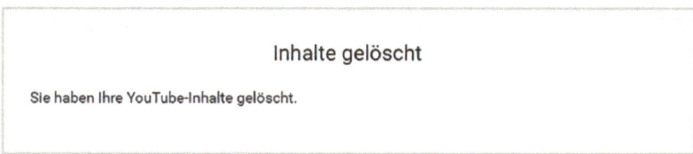

Inhalte gelöscht

Sie haben Ihre YouTube-Inhalte gelöscht.

6.2 Google-Konto löschen

Wenn Sie Ihr gesamtes Google-Konto löschen möchten, können Sie das ebenfalls in Ihren Google- Kontoeinstellungen vornehmen.

Wählen Sie hierzu, wie oben beschrieben, in Ihrem Google-Konto unter *Kontoeinstellungen* den Befehl *Konto oder Dienste löschen*.

In folgendem Dialogfeld wählen Sie nun die Option *Google-Konto und –Daten löschen* aus.

Aus Sicherheitsgründen bittet Sie Google auch hier nochmals um die Eingabe Ihres Passwortes.

Haken Sie beide Kästchen ❶ an und bestätigen Sie Ihre Eingabe mit einem Klick auf die blaue Schaltfläche *Konto löschen* ❷.

Achtung: Mit dem Löschen Ihres Google-Kontos werden sämtliche mit diesem Konto verbundenen Daten auch aus anderen Google-Diensten (z.B. YouTube, Google+ etc.) endgültig gelöscht!

Sie erhalten nun folgende Meldung ❶, die Ihnen bestätigt, dass das Löschen des gesamten Google-Kontos erfolgreich war.

Falls Sie das Konto versehentlich gelöscht haben, können Sie es noch für kurze Zeit wiederherstellen. Klicken Sie hierzu auf den Link *Kontosupport* ❷ und folgen Sie den Anweisungen.

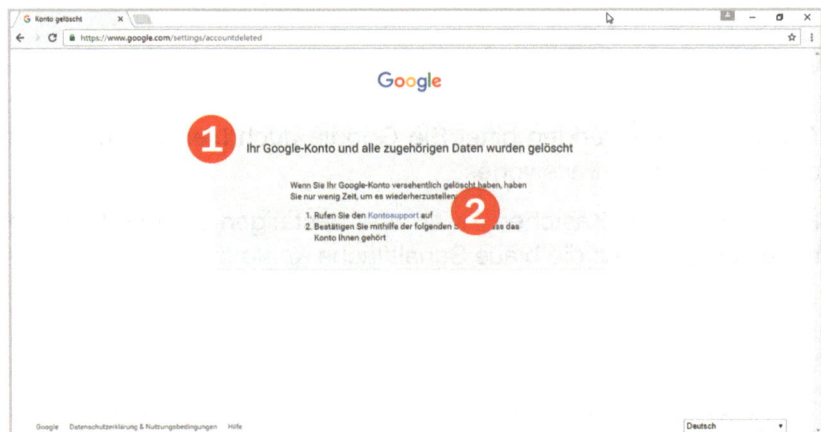

Index